Inhalt

Einleitung

Das Modell der European Foundation for Quality Management (EFQM) zur Bewertung von Managementsystemen ist international als Richtlinie und Zielsystem für die Einführung von Total Quality Management (TQM) anerkannt. Die Kriterien dieses Modells decken alle inhaltlichen Schwerpunkte eines Managementsystems ab. Darüber hinaus wurde diesem Modell ein Bewertungsmaßstab hinterlegt, der es dem Top-Management ermöglicht, die Leistungsfähigkeit des eigenen Systems zu hinterfragen und detailliert transparent zu machen.

Entwickelt wurde dieses Modell für die Vergabe des European Quality Award (EQA). Dieser Preis wird seit 1992 an Unternehmen verliehen, die, gemessen an den Kriterien des Total Quality Management (TQM), eine führende Position in Europa erlangt haben. Die Leistung dieser Unternehmen sowie ihre damit verbundene Spitzenposition wird anhand der Kriterien des EFQM-Modells transparent gemacht und bewertet.

Das Modell liefert über die im Bewertungssystem verankerten Anhaltspunkte hinaus sogar erste Ansätze für die Optimierung der Unternehmen, die mit diesem Modell arbeiten. Um jedoch maßgeschneiderte Lösungen für die Verbesserung von Managementsystemen in den eigenen Reihen zu implementieren, muss jedes Unternehmen auf der langen und beschwerlichen Reise zur Weltspitze seinen eigenen Weg finden (siehe Pocket Power Leitfaden zur Excellence).

Dieser Pocket Power basiert auf Publikationen der EFQM sowie langjährigen, praktischen Erfahrungen im Umgang mit diesem Modell. Der Leser findet neben den rein inhaltlichen Erläuterungen praktische Beispiele und Hilfestellungen zur Anwendung des Modells. Für die einzelnen Unterkriterien des EFQM-Modells werden jeweils drei Fragen kurz und prägnant beantwortet.

- ▶ Worum geht es?
- ▶ Was bringt es?
- ▶ Wie gehe ich vor?

Beispiele aus unterschiedlichen Unternehmen geben gezielte Anregungen für das Vorgehen im eigenen Hause. Einige dieser Beispiele beschreiben das Vorgehen von Unternehmen, die bereits den amerikanischen bzw. europäischen Qualitätspreis gewonnen haben. Andere zitierte Unternehmen befinden sich seit einigen Jahren auf dem Weg zur Business Excellence.

Der Pocket Power ist Leitfaden und Ideengeber bei der täglichen Arbeit und gibt einen kompakten Überblick über die Wirkungszusammenhänge des EFQM-Modells.

Das Umfeld des EFQM-Modells

Total Quality Management – oder auch Business Excellence

Immer mehr Unternehmen stellen sich der Herausforderung des Total Quality Management (TQM).

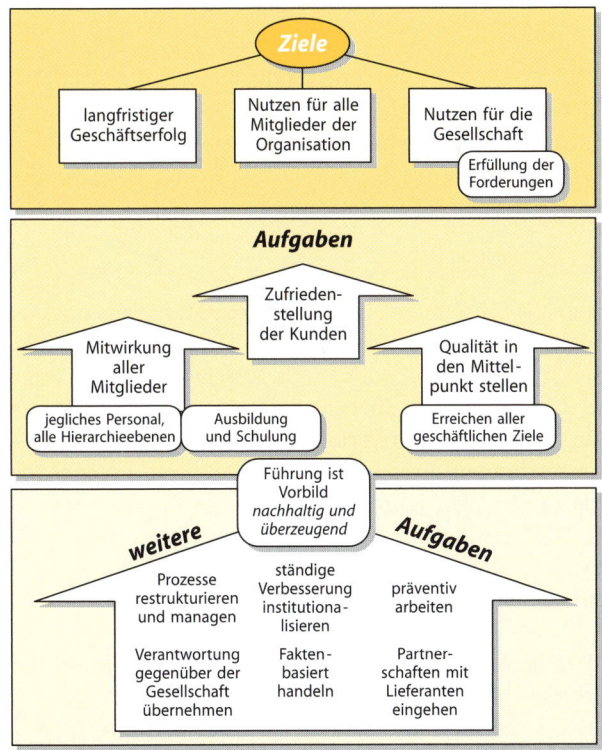

Bild 1: *Zusammenwirken der Aufgaben und Ziele im TQM*

Entsprechend der DIN-Norm wird TQM mit „umfassendem Qualitätsmanagement" übersetzt und definiert als

> *„auf der Mitwirkung aller ihrer Mitglieder basierende Managementmethode einer Organisation, die Qualität in den Mittelpunkt stellt und durch Zufriedenstellung der Kunden auf langfristigen Geschäftserfolg sowie auf Nutzen für die Mitglieder der Organisation und für die Gesellschaft zielt".*

Die in dieser Definition enthaltenen Zusammenhänge zwischen den Zielen des TQM sowie den daraus abzuleitenden Aufgaben des Managements zeigt die oben abgebildete Grafik.

TQM-Modelle

Bei der Umsetzung eines derartigen Managementkonzeptes hat sich herausgestellt, dass die Mitarbeiter eine inhaltliche Orientierung benötigen. Es ist schwer, den „richtigen" und für alle verständlichen Ansatz zu finden, um diesen dann systematisch zu verfolgen. Aus dieser Erkenntnis heraus entstanden diverse TQM-Modelle. Zwei dieser Modelle bilden seit vielen Jahren die Grundlage für die Bewertung von TQM-geführten Unternehmen. Sie haben die Entwicklung des TQM entscheidend beeinflusst und seien hier besonders hervorgehoben:

▶ Der Deming Application Prize – 1951 in Osaka erstmalig verliehen
▶ Der Malcolm Baldrige National Quality Award – 1988 in Washington D. C. erstmalig verliehen

Beide Auszeichnungen enthalten kulturell geprägte Merkmale, die eine Akzeptanz dieser Modelle in Europa erschwerten.

Deming Application Prize

Der japanische Deming-Preis, benannt nach dem Amerikaner W. E. Deming, wurde 1951 erstmalig vergeben und basiert auf dem modellhaften Ansatz einer qualitätsorientierten Unternehmensführung.

Deming Application Prize

1. Unternehmenspolitik und -ziele
2. Organisation und ihre Wirkungsweise
3. Umgang mit Informationen und Wissen
4. Ausbau und Pflege von Standards
5. Wissen / Motivation der Mitarbeiter bzgl. QM
6. Aktivitäten der Qualitätssicherung
7. Controllingaktivitäten
8. Aktivitäten der ständigen Verbesserung
9. Ergebnisse
10. Strategische Ausrichtung

Bild 2: *Die Kriterien des Deming-Preises*

Quelle: Union of Japanese Scientists and Engineers (JUSE) (Hrsg.): The Deming Prize Guide, Tokyo 1996.

Der Preis wird Unternehmen verliehen, die das Modell der umfassenden Qualität mustergültig anwenden und beherrschen. Erfahrungen haben gezeigt, dass die Verleihung des Preises die Reputation der ausgezeichneten Unternehmen bei Kunden und Wettbewerbern erhöht und andere zum Nachahmen anregt.

Der Deming-Preis gilt als wesentliche Grundlage zur Verbreitung von umfassender Qualität in Japan und hat damit entscheidend zum wirtschaftlichen Aufstieg Japans beigetragen. Dem Weg Japans folgend wurden zahlreiche nationale und internationale Qualitätsauszeichnungen entwickelt. Derzeit werden weltweit über 100 nationale und regionale Auszeichnungen für umfassende Qualität verliehen. Jedoch besitzen nur der amerikanische Malcolm Baldrige National Quality Award (MBNQA) und der EQA eine ähnlich hohe Bedeutung und Anerkennung wie der Deming-Preis.

Malcolm Baldrige National Quality Award (MBNQA)

Der amerikanische Präsident Ronald Reagan lobte 1987 erstmals den Malcolm Baldrige National Quality Award (MBNQA) aus. Dieser Preis wurde dem damaligen amerikanischen Staatssekretär Malcolm Baldrige zu Ehren nach diesem benannt. Mit der Einführung des MBNQA reagierten die USA auf den immer stärker werdenden Wettbewerbsdruck aus Fernost.

Der amerikanische Qualitätspreis kann als Grundlage des EQA aufgefasst werden und ähnelt diesem in vielen Punkten. An die europäischen Gegebenheiten wurde u. a. die Gewichtungen der einzelnen Kriterien angepasst. Darüber hinaus enthält das europäische Modell im Vergleich zum MBNQA das Kriterium „gesellschaftsbezogene Ergebnisse" und die explizite Darlegung des Umgangs mit Partnerschaften und Ressourcen und erreicht damit eine neue Dimension.

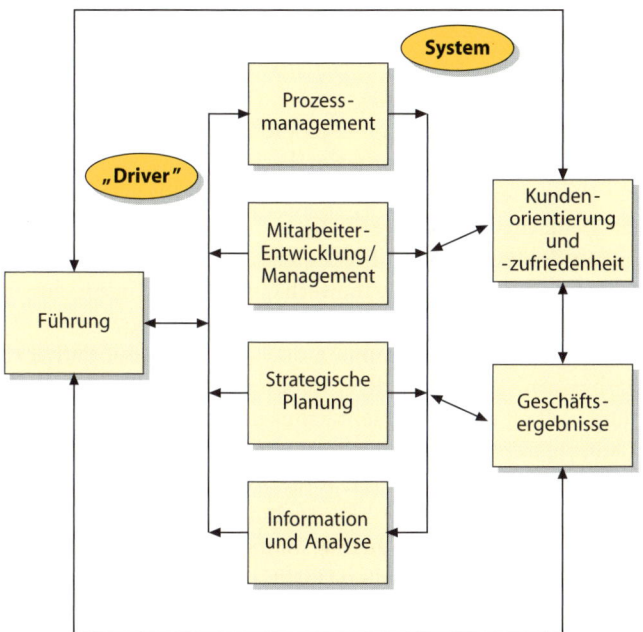

Bild 3: *Der Malcolm Baldrige National Quality Award*
Quelle: The MBNQA-Criteria, 1997.

Ludwig Erhard Preis (LEP)

1996 wurde ein deutscher Qualitätspreis, der Ludwig Erhard Preis (LEP), entwickelt und im November 1997 erstmalig verliehen. Dieser Preis basiert auf den Kriterien des EQA und soll an dieser Stelle daher nur kurz vorgestellt werden.

Der LEP für *„umfassende Unternehmensqualität und Spitzenleistungen im Wettbewerb"* wurde von den bedeutendsten Wirtschaftsverbänden Deutschlands ins Leben gerufen. Unter anderem haben sich die Bundesvereinigung der Deutschen Arbeitgeber, der Bundesverband der Deutschen Industrie, der Deutsche Gewerkschaftsbund und der Deutsche Industrie- und Handelstag an der Trägergemeinschaft Ludwig Erhard Preis beteiligt. Die Geschäftsführung der Allianz aus Politik, Wirtschaft und Gesellschaft liegt gemeinsam bei der Deutschen Gesellschaft für Qualität (DGQ) und dem Verein Deutscher Ingenieure (VDI).

Der Ludwig Erhard Preis stellt eine Auszeichnung für Spitzenleistungen im Wettbewerb dar und will Unternehmen und Organisationen einen Anreiz bieten, die eigene Position im Wettbewerb zu bestimmen und durch Eigeninitiative zu verbessern. Durch ständige Verbesserung der eigenen Leistung soll ein neues Qualitätsbewusstsein geschaffen und Deutschland wieder an die Weltspitze geführt werden.

Der Ludwig Erhard Preis fördert ebenso wie der EQA die Auseinandersetzung der Unternehmen mit dem ganzheitlichen Ansatz des Total Quality Management. Er schließt die Lücke zwischen vereinzelten Qualitätspreisen auf Länderebene in der Bundesrepublik und dem EQA auf der europäischen Ebene. Gleichzeitig stellt sich der LEP aber auch dem Vergleich mit anderen bedeutenden Auszeichnungen wie dem bereits beschriebenen Malcolm Baldrige National Quality Award oder dem Deming Prize.

Die neun Kriterien des LEP lassen die Anlehnung an den EQA unmittelbar erkennen. Auf dieser Ebene wurden lediglich sprachliche Anpassungen an der deutschen Übersetzung vorgenommen. Die Unterpunkte des Ludwig Erhard Preises sind jedoch leicht abgewandelt und bieten vor allem kleinen und mittelständischen Unternehmen die Möglichkeit einer Erfolg versprechenden und unbürokratischen Bewerbung. Hinzu kommt der Vorteil, dass die Bewerbung um den LEP in deutscher Sprache durchgeführt werden kann.

DIN EN ISO 9000 ff.

Ein Vergleich zwischen dem EQA und der Zertifizierung eines Qualitätsmanagements nach der DIN EN ISO 9000 ff. fällt schwer, da in diesen zwei Managementsystemen unterschiedliche Konzepte verfolgt werden. Viele Unternehmen haben jedoch bereits ein QM-System gemäß DIN EN ISO 9000 ff. aufgebaut, bevor sie sich mit der Umsetzung von TQM befassen. Es stellt sich die Frage, inwieweit sie damit schon eine Basis für die Einführung von TQM geschaffen haben.

Mit der Revision der DIN EN ISO 9000:2000 haben sich die beiden Ansätze in vielen Punkten bedeutend angenähert.

Die neue DIN EN ISO 9000:2000 fordert sehr viel stärker die Gestaltung durchgehender Prozessketten, die damit verbundene Ermittlung von Kundenanforderungen sowie die konsequente Umsetzung der ständigen Verbesserung. Damit wurde eine gemeinsame Basis geschaffen.

Das Total Quality Management ist jedoch auch in Zukunft das umfassendere, integrative Managementkonzept, welches sämtliche Aktivitäten eines Unternehmens erfasst. Mit der oben beschriebenen Überarbeitung des EFQM-Modells sind auch hier die Anforderungen z. B. an das Management von Wissen oder die Einbindung von Partnern sowie das unternehmensweite Lernen der Organisation gewachsen.

Wie weit ein Unternehmen mit der DIN EN ISO 9000 ff. auf dem Weg zum TQM kommt, lässt sich allgemeingültig nur schwer aussagen. Spiegelt man die Anforderungen der DIN EN ISO 9000:2000 an den Kriterien des EFQM-Modells, so ergibt sich ein Wert von 200–300 Punkten. Die ISO ist somit ein guter Einstieg in die Welt des Qualitätsmanagements. Angesichts der Tatsache, dass EQA-Gewinner zwischen 750 und 800 Punkte erreichen, zeigt sich jedoch auch der erhöhte Anspruch des EFQM-Modells.

Das EFQM-Modell 2000

Die Grundidee

Die EFQM, eine europäische Stiftung namhafter Industrieunternehmen, hat in Zusammenarbeit mit der EU-Kommission und der European Organization for Quality (EOQ) ein europäisches Referenzmodell entwickelt – das EFQM-Modell.

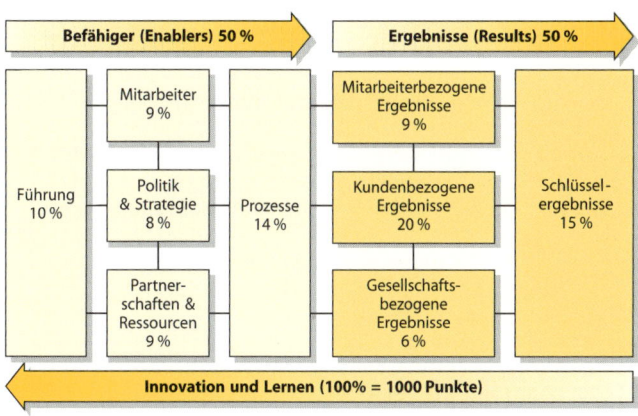

Bild 4: *Das EFQM-Modell*

Quelle: EFQM (Hrsg.): Das EFQM-Modell für Excellence, Brüssel 2001.

Das EFQM-Modell beruht auf dem Zusammenwirken der oben dargestellten neun Kriterien, welche in Befähiger und Ergebnisse unterteilt werden. Der Aufbau des Modells zeigt deutlich, dass der Ausgangspunkt für alle Aktivitäten eine nachhaltige und überzeugende Führung der obersten Leitung ist. Über eine TQM-orientierte Politik und Strategie sowie die Einbeziehung aller Mitarbeiter, Partner und Ressourcen wirkt die Führung bis in die Gestaltung der Prozesse. Dieses Zusammenspiel der Befähiger wird dann am Markt in Ergebnisse umgesetzt. Das Modell macht deutlich, dass der langfristige Geschäftserfolg entscheidend von der Zufriedenheit der Kunden und der Mitarbeiter sowie der Anerkennung des Unternehmens in seinem Umfeld bezogen auf seine gesellschaftliche Verantwortung abhängt.

Die Befähiger beschreiben die Potenziale des Unternehmens. In diesem Bereich konzentrieren sich die Fragen darauf:

> *„Was macht das Unternehmen, um umfassende Qualität zu erlangen?"*
> *„Wie geht das Unternehmen vor, um konzeptionelle Ansätze in den Strukturen zu verankern?"*
> *„Wie wird die Wirksamkeit veränderter Abläufe und Strukturen überprüft?"*
> *„Wie lernt die Organisation aus den Erkenntnissen der Überprüfung?"*

Bei der Betrachtung der Ergebnisse konzentriert sich das Interesse auf die Aspekte:

> *„Welche Daten und Informationen werden im Unternehmen zur Erfolgsbewertung herangezogen?"*
> *„Wie werden die Daten ermittelt?"*
> *„Wie hat sich die Ausprägung dieser Größen in den letzten Jahren entwickelt?"*

Das Modell der EFQM ist ein Bewertungsmodell, welches in der Lage ist, die Leistungsfähigkeit eines Unternehmens transparent zu machen.

Die im Modell angegebenen Prozentzahlen (s. Bild 4) beschreiben die Wertigkeit der einzelnen Kriterien für den Erfolg des Unternehmens am Markt. Diese Prozentzahlen wurden in umfangreichen Beratungen von Vertretern aus Industrie und Wissenschaft erarbeitet und werden jährlich hinterfragt.

Im Zuge der Überarbeitung des Modells im Jahre 1999 wurde die Gewichtung der einzelnen Kriterien bestätigt. Die EFQM hat jedoch inhaltliche Korrekturen am Modell vorgenommen.

Diese beziehen sich zum einen auf die Struktur der Unterkriterien und zum anderen auf das Bewertungsverfahren – das RADAR-Konzept. Im neuen Modell wird ein noch stärkerer Fokus auf den Kunden und die in den letzten Jahren immer bedeutender gewordenen Partnerschaften entlang der Wertschöpfungskette gelegt. Darüber hinaus spiegeln die Veränderungen in den Unterkriterien und dem noch zu beschreibenden RADAR-Konzept das zunehmende Gewicht des Wissensmanagements in Verbindung mit einer im Unternehmen zu implementierenden Lernkultur wider.

Die neuen Unterkriterien

Nachfolgend werden wir zunächst nur auf die Veränderungen in der inhaltlichen Struktur des Modells eingehen, bevor dann das RADAR-Konzept eingehend beschrieben wird. Die folgenden Abbildungen zeigen die Untergliederung der neun Kriterien in 32 Unterkriterien.

1 Führung

1a Führungskräfte erarbeiten die Mission, die Vision und die Werte. Sie agieren als Vorbilder für eine Kultur der Excellence.
1b Führungskräfte sorgen durch ihr persönliches Mitwirken für die Entwicklung, Überwachung und kontinuierliche Verbesserung des Managementsystems der Organisation.
1c Führungskräfte bemühen sich um Kunden, Partner und Vertreter der Gesellschaft.
1d Führungskräfte motivieren und unterstützen die Mitarbeiter der Organisation und erkennen ihre Leistung an.

2 Politik und Strategie

2a Politik und Strategie beruhen auf den gegenwärtigen und zukünftigen Bedürfnissen und Erwartungen der Interessengruppen.
2b Politik und Strategie beruhen auf Informationen von Leistungsmessungen, Marktforschung sowie den lernorientierten und kreativen Aktivitäten.
2c Politik und Strategie werden entwickelt, überprüft und aktualisiert.
2d Politik und Strategie werden durch ein Netzwerk von Schlüsselprozessen umgesetzt.
2e Politik und Strategie werden kommuniziert und eingeführt.

3 Mitarbeiter

3a Mitarbeiterressourcen werden geplant, gemanagt und verbessert.
3b Das Wissen und die Kompetenzen der Mitarbeiter werden ermittelt, ausgebaut und aufrechterhalten.
3c Mitarbeiter werden beteiligt und zu selbstständigem Handeln ermächtigt.
3d Die Mitarbeiter und die Organisation führen einen Dialog.
3e Mitarbeiter werden belohnt, anerkannt und betreut.

4 Partnerschaften und Ressourcen

4a Externe Partnerschaften werden gemanagt.
4b Finanzen werden gemanagt.
4c Gebäude, Einrichtungen und Material werden gemanagt.
4d Technologie wird gemanagt.
4e Informationen und Wissen werden gemanagt.

5 Prozesse

5a Prozesse werden systematisch gestaltet und gemanagt.
5b Prozesse werden bei Bedarf verbessert, wobei Innovation genutzt wird, um Kunden und andere Interessengruppen voll zufrieden zu stellen und die Wertschöpfung für diese zu steigern.
5c Produkte und Dienstleistungen werden aufgrund der Bedürfnisse und Erwartungen der Kunden entworfen und entwickelt.
5d Produkte und Dienstleistungen werden hergestellt, geliefert und betreut.
5e Kundenbeziehungen werden gepflegt und vertieft.

Bild 5: *Die Unterkriterien auf der Seite der Befähiger*

Quelle: EFQM (Hrsg.): Das EFQM-Modell für Excellence, Brüssel 2001.

6 Kundenbezogene Ergebnisse

6a Messergebnisse aus Kundensicht
6b Leistungsindikatoren

7 Mitarbeiterbezogene Ergebnisse

7a Messergebnisse aus Mitarbeitersicht
7b Leistungsindikatoren

8 Gesellschaftsbezogene Ergebnisse

8a Messergebnisse aus Sicht der Gesellschaft
8b Leistungsindikatoren

9 Schlüsselergebnisse

9a Ergebnisse der Schlüsselleistungen
9b Schlüsselleistungsindikatoren

Bild 6: *Die Unterkriterien auf der Seite der Ergebnisse*

Quelle: EFQM (Hrsg.): Das EFQM-Modell für Excellence, Brüssel 2001.

Auf der Ebene der Unterkriterien hat es mit der Überarbeitung des Modells zahlreiche Veränderungen gegeben. Die Änderungen im Einzelnen:

Kriterium Führung: Die Unterkriterien 1a und 1b wurden zu einem Unterkriterium zusammengefasst und griffiger formuliert, so dass der Zweck und die Ausrichtung der Organisation stärker im Vordergrund stehen. Mit dem Unterkriterium 1b wurde ein neuer Aspekt aufgenommen. Dieser verankert die Erkenntnis, dass der Aufbau und die Pflege eines Managementsystems vom Top-Management angenommen werden muss, um die Vision und die Ziele des Unternehmens zu erreichen.

Kriterium Politik und Strategie: Das Unterkriterium 2a wurde in zwei Unterkriterien aufgeteilt, um die Informationsbasis für die Entwicklung von Politik und Strategie stärker und detaillierter hinterfragen zu können. Dafür wurden in 2c zwei Unterkriterien des alten Modells zusammengefasst. Dies erleichtert den Umgang mit diesem Unterkriterium, da die entsprechenden Prozesse im Unternehmen nur schwer zu trennen sind. Mit dem Unterkriterium 2d wird im neuen Modell ein direkter Zusammenhang zur Umsetzung der Politik und Strategie in den Schlüsselprozessen hergestellt – auch dies stellt eine deutliche Vereinfachung in der Anwendung des Modells dar und trägt somit zur besseren Anwendbarkeit bei.

Kriterium Mitarbeiter: Hier wurden Inhalte verschoben. Die Aspekte der Zielvereinbarung sowie der Überprüfung der Leistung befinden sich nun im Unterkriterium 3b. Mit dieser Verschiebung soll hervorgehoben werden, dass es sich um Elemente handelt, die sicherstellen, dass die Mitarbeiter ihre Aufgaben auf der Basis ihrer Fähigkeiten und ihres Wissens individuell und im Team ordnungsgemäß erledigen können. Darüber hinaus wurden unter 3a die Aspekte des Mitarbeiter-Ressourcen-Managements sowie unter 3e die Fragen der Entlohnung und der Anerkennung verankert.

Kriterium Partnerschaften und Ressourcen: An dieser Stelle schlagen die Veränderungen bis auf die Ebene des Hauptkriteriums durch. Die veränderte Bezeichnung des Kriteriums deutet auf eine von insgesamt drei entscheidenden Veränderungen direkt hin. Hier wurde der Aspekt des Aufbaus und des Managements wertschöpfender Partnerschaften verankert. Darüber hinaus befindet sich in diesem Kriterium nun auch ein eigenes Unterkriterium für das Wissensmanagement. Dafür wurden die Aspekte des Managements von Gebäuden, Einrichtungen und Material zu einem Unterkriterium zusammengefasst.

Kriterium Prozesse: Dieses Kriterium wurde durch die Fokussierung auf kundenbezogene Prozesse deutlich klarer strukturiert. Die Unterkriterien 5a und 5b behandeln noch den grundsätzlichen Umgang mit Prozessen im Unternehmen. Dieser Teil strahlt somit auch auf alle Prozesse aus den Kriterien 2, 3 und 4 aus. Alle anderen Unterkriterien beziehen sich dann explizit auf kundenrelevante Prozesse.

Ergebniskriterien: Auf der Seite der Ergebnisse wurden die Kriterien gezielt umbenannt. Mit der Streichung des Wortes „Zufriedenheit" soll die Bedeutung der Leistungsindikatoren bei allen Ergebniskriterien stärker betont werden. Mit dieser Änderung reagiert die EFQM auf endlose Diskussionen um das Wort „Zufriedenheit". Dies hatte immer wieder zu „falschen" Prioritäten bei der Suche nach Kennzahlen und Maßnahmen geführt. In diesem Zusammenhang wurde auch das Kriterium 8 bereinigt. Hier wurden aus 8b die Ansätze für ein systembezogenes Vorgehen gestrichen und in das Kriterium 4 verschoben. Im Kriterium 9 wurde die Trennung in finanzielle und nicht finanzielle Ergebnisse aufgehoben. Das Unterkriterium 9a umfasst nun all die Ergebnisse, anhand derer das Unternehmen die Erreichung selbst gesteckter Ziele messen will. Im Unterkriterium 9b werden weitere, nicht direkt mit Zielen zu verbindende Indikatoren betrachtet.

Das RADAR-Konzept

Neben den bereits aufgezeigten inhaltlichen Strukturen des Modells stellt die EFQM ein RADAR-Konzept für die Umsetzung der Inhalte zur Verfügung. Das RADAR-Konzept beschreibt einen Plan-Do-Check-Act-Zyklus (PDCA-Zyklus) auf der Ebene des Managementsystems und entspricht damit der

Idee des Systemcontrollings im TQM-gerechten Controlling (siehe gleichnamigen Pocket Power). Im TQM-gerechten Controlling wird dieser Ansatz weiter auf die Ebene der Prozesse und Tätigkeiten heruntergebrochen und mit Methoden/Techniken hinterlegt.

WORUM GEHT ES?

Die RADAR-Methode ist das eigentliche Herzstück des EFQM-Modells. Das Wort RADAR setzt sich aus den Anfangsbuchstaben der folgenden Begriffe zusammen:

- **R**esults (Ergebnisse)
- **A**pproach (Ansatz, Vorgehen)
- **D**eployment (Umsetzung)
- **A**ssessment (Überprüfung)
- **R**eview (Bewertung)

Diese Aspekte beschreiben den im EFQM-Modell zu messenden Standard, gegen den im EFQM-Modell gemessen wird. Anhand dieser Aspekte kann die Leistungsfähigkeit der Organisation in allen 32 Unterkriterien bewertet und verbessert werden.

Entsprechend strukturieren diese fünf Aspekte auch das Vorgehen bei der Bearbeitung der 32 Unterkriterien. Die Abbildung zeigt, wie die einzelnen Aspekte des RADAR untersetzt wurden, um den Umgang mit diesen Aspekten zu erleichtern.

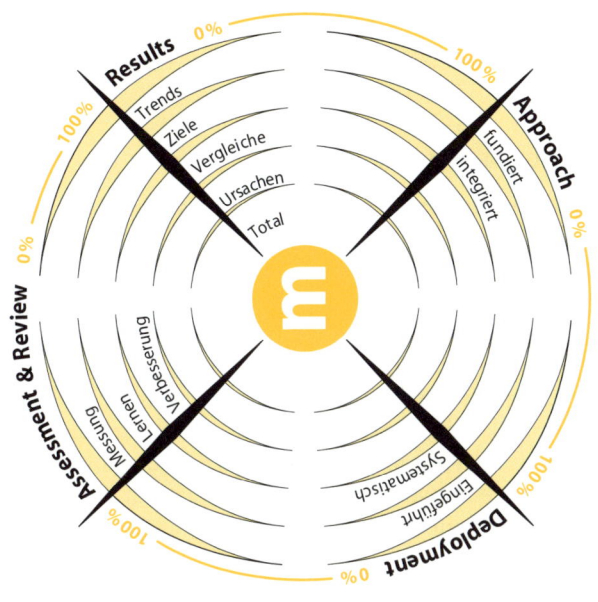

Bild 7: *Das RADAR-Konzept*

Quelle: EFQM (Hrsg.): Das EFQM-Modell für Excellence, Brüssel 2001.

WAS BRINGT ES?

Das RADAR-Konzept beschreibt ein konsequentes und schlüssiges Vorgehen für die Weiterentwicklung von Strukturen und Prozessen in Organisationen. Hinter diesem Konzept steckt die Idee, dass die Lösungen und Ergebnisse für die zahlreichen Inhalte des Modells optimal sind, wenn der Prozess, diese zu erarbeiten, beherrscht und fähig ist. Aus dieser

Erkenntnis heraus werden in der später noch erläuterten Selbstbewertung die Schritte des RADAR-Konzeptes konsequent abgefragt.

WIE GEHE ICH VOR?

Die Organisation muss sich zunächst mit den Ergebnissen ihres Handelns beschäftigen. Mit welchen Ergebnissen und unter welchen Aspekten dies geschehen soll, geben die vier Ergebniskriterien des Modells vor. Mit den Erkenntnissen aus dieser Betrachtung wechselt der Anwender auf die Seite der Befähiger und sucht nach Ansätzen, die geeignet erscheinen, die gerade betrachteten Ergebnisse zu verbessern. Nun kann es z. B. sein, dass sich Ansätze im Kriterium 3 (Mitarbeiter) finden lassen. Die RADAR-Logik gibt dann vor, dass diese Ansätze im nächsten Schritt systematisch in die Strukturen der Organisation überführt und umgesetzt werden müssen.

Entsprechend der letzten beiden Buchstaben von RADAR wird dann abschließend die Wirksamkeit der veränderten Strukturen überprüft und bewertet. Sollten sich bereits an dieser Stelle Verbesserungspotenziale zeigen, dann gibt die RADAR-Logik vor, dass entsprechende Maßnahmen ergriffen werden, die geeignet erscheinen, die Wirkung zu verbessern. Stellt sich die Lösung als tragfähig heraus, so startet ein erneuter RADAR-Zyklus, in dem die Ergebnisse bewertet und neue Ansätze abgeleitet werden.

Der European Quality Award (EQA)

1992 wurde auf der Basis dieses Modells erstmals der „European Quality Award" (EQA) verliehen, eine Auszeichnung für Unternehmen, die nachweisen können, dass ihr Vorgehen zur Verwirklichung von TQM über eine Reihe von Jahren einen beträchtlichen Beitrag zur Stärkung des langfristigen Geschäftserfolges geleistet hat. Kurzfristige Geschäftserfolge zahlen sich bei der Beurteilung der Bewerber um den EQA ebenso wenig aus wie Insellösungen.

Eine Jury aus erfahrenen Top-Managern europäischer Unternehmen beurteilt auf der Basis eines 4-stufigen Bewertungsprozesses die Leistungsfähigkeit der Bewerber (siehe zu diesem Punkt auch die Ausführungen im Kapitel Selbstbewertung).

Stufe 1:
Bewertung der schriftlichen Bewerbungsunterlagen durch mehrere Assessoren
Stufe 2:
Bewertung der schriftlichen Bewerbungsunterlagen im Rahmen eines Konsens-Meetings durch die Assessoren
Stufe 3:
Besuch des Unternehmens und Klärung offener Fragen
Stufe 4:
Überprüfung der Bewertung im Kreise der Assessoren und Anfertigung eines detaillierten Feedback-Berichtes

Der EQA hat sich in Europa zu einer festen Größe entwickelt. Es werden jährlich mehrere Unternehmen für den EQA nominiert und für ihre Spitzenleistung geehrt.

Zu Beginn wurde zunächst nur ein Unternehmen pro Jahr mit dem EQA ausgezeichnet. Seit 1995 vergibt die

EFQM darüber hinaus einen EQA speziell für Organisationen aus dem öffentlichen Sektor. 1996 wurden weitere Untergruppen gebildet. Seither wird jeweils ein weiteres Unternehmen aus dem Bereich der kleinen und mittelständischen Unternehmen (Small and Medium Enterprises – SMEs) sowie eine operative Unternehmenseinheit ausgezeichnet. Der EQA wurde bisher an folgende Unternehmen verliehen:

- 1992: Rank Xerox Limited
- 1993: Milliken European Division
- 1994: D2D (Design to Distribution) Ltd.
- 1995: Texas Instruments Europe
- 1996: Brisa
- 1997: SGS-Thomson
- 1998 Large Business: TNT United Kingdom
         Independent SMEs: Schindlerhof
         SMEs-subsidiaries: Beko Trading Co.
- 1999 Large Business: Yellow Pages
         Operational Units: Volvo Cars Gent
         Independent SMEs: DiEU – Danish Int.
                               Continuing Education
         SMEs-subsidiaries: Servitique Network Services
- 2000 Large Business: Nokia Mobile Phones
         Public Sector: Inland Revenue, UK
         SMEs-subsidiaries: Burton-Apta

Sowohl von der EFQM als auch von den Vertretern der Industrie wird immer wieder darauf hingewiesen, dass sich der EQA nicht nur für den Gewinner und die Preisträger positiv auszahlt. Sie verweisen darauf, dass sich Unternehmen, die sich am EQA beteiligen, sehr stark mit *allen* Teilen des Unternehmens auseinander setzen müssen. Beim EQA werden umfassende Konzepte erwartet und vor allem die daraus resultierenden langfristigen Ergebnisse bewertet. In diesem Zusammenhang wird z. B. die positive Wirkung von Self-Assessments und Benchmarking, die für eine EQA-Bewerbung unerlässlich sind, für die Entwicklung des Unternehmens hervorgehoben.

Auch die Unternehmen, die sich am EQA beteiligten, aber mit Ergebnissen um die 500 Punkte vom Gewinn des Preises noch weit entfernt sind, berichten von einer starken Motivation der Belegschaft und der hilfreichen Unterstützung durch das Modell und die Gutachten der Juroren auf dem Weg zur *Excellence*.

Kriterium 1: Führung

An erster und damit exponierter Stelle steht im Modell der EFQM das Verhalten aller Führungskräfte, um das Unternehmen zu langfristigem Erfolg zu führen. Excellence kann nur erreicht werden, wenn die oberste Leitung und alle anderen Führungskräfte kontinuierlich Verbesserungen initiieren und durch persönliche Mitwirkung die Umsetzung sicherstellen.

Entscheidend für die Bewertung des Kriteriums Führung ist der Nachweis eines systematischen und präventiven Handelns und die Durchgängigkeit des Engagements durch alle Bereiche und Ebenen des Unternehmens. Dies ist besonders wichtig, da Mitarbeiter i. d. R. so handeln, wie die Führungskräfte es ihnen vorleben.

Das Kriterium Führung wird im EFQM-Modell durch vier Unterkriterien stärker differenziert:

1a Die Führungskräfte erarbeiten die Mission, die Vision und die Werte und agieren als Vorbilder für eine Kultur der Excellence.

1b Die Führungskräfte stellen durch persönliche Mitwirkung sicher, dass das Managementsystem der Organisation entwickelt, eingeführt und kontinuierlich verbessert wird.

1c Die Führungskräfte bemühen sich um Kunden, Partner und Vertreter der Gesellschaft.

1d Führungskräfte motivieren und unterstützen die Mitarbeiter der Organisation und erkennen ihre Leistungen an.

1a   Vorbildverhalten und Erarbeitung von Mission, Vision und Werten

WORUM GEHT ES?

Alle Führungskräfte müssen sich derart für die Umsetzung von TQM engagieren, dass ihr Handeln für alle Mitarbeiter sowie für Kunden und Lieferanten sichtbar wird. Um die qualitätsorientierte Geisteshaltung in das tägliche Handeln der Mitarbeiter zu bringen, muss das Top-Management die Rolle des Initiators und Promotors einnehmen.

Ein Unternehmen zu langfristigem Erfolg durch Excellence zu bringen, zieht zwangsläufig einen Wandel der Unternehmenskultur nach sich. Neue Werte und Verhaltensweisen müssen von den Führungskräften aktiv vorgelebt werden.

WAS BRINGT ES?

Studien haben gezeigt, dass eine Veränderung der Einstellung der Mitarbeiter zu ihrer täglichen Arbeit nur dann nachhaltig gelingt, wenn ihnen diese Einstellung vorgelebt wird. Ein grundsätzlicher Wertewandel muss vom Top-Management ausgehen. Die Normen und Werte, die die Führungskräfte neben ihren Mitarbeitern vorleben, müssen sich in der Unternehmensphilosophie bzw. -kultur wiederfinden.

Auf den globalen und dynamischen Märkten werden sich diejenigen Unternehmen durchsetzen, die es schaffen, schnell und zuverlässig auf Veränderungen zu reagieren. Dies stellt sehr hohe Anforderungen an die Prozesse und alle Mitarbeiter des Unternehmens. Nur wenn das Unternehmen seine Prozesse beherrscht und die Mitarbeiter eine hohe Bereitschaft zur Qualifikation, Veränderung und Verantwortung zeigen, wird es möglich sein, langfristigen Erfolg am Markt zu sichern.

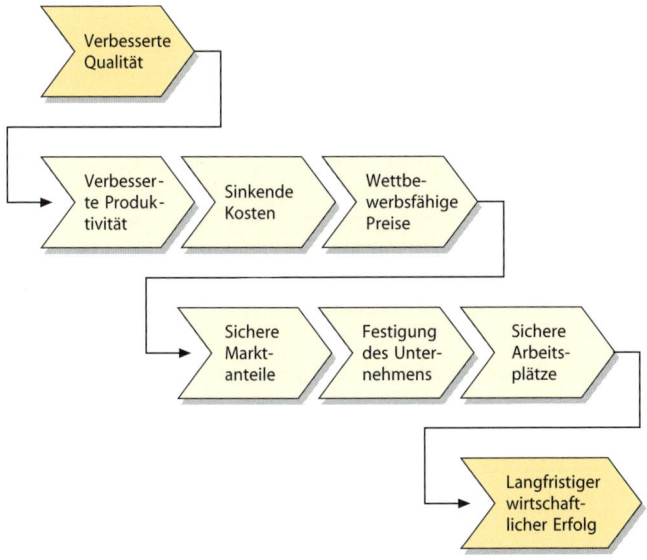

Bild 8: *Demings Reaktionskette*

WIE GEHE ICH VOR?

Für die Führung gilt es, die Rahmenbedingungen für den Wandel der Unternehmenskultur zu erarbeiten und dauerhaft abzusichern. Hierzu müssen zunächst eine Vision und Mission entwickelt werden. Die Vision sollte Führungskräfte wie Mitarbeiter gleichermaßen ansprechen. Sie vereint gleichzeitig die Funktion des Ausblicks mit der eines Wegweisers. Mit der Vision muss klar aufgezeigt werden, in welche Richtung sich das Unternehmen entwickeln will. Die Mission konkretisiert die Vision.

Ritz-Carlton Hotel-Company

Das Motto: „We are Ladies and Gentlemen serving Ladies and Gentlemen" ist in mehrfacher Hinsicht zu interpretieren. Zum einen stellt es klar, dass Kundenzufriedenheit oberste Priorität hat. Weiterhin bekommt jeder Mitarbeiter vermittelt, dass auch er eine respektierte Person ist, was mit einer Steigerung des Selbstwertgefühls einhergeht. 96 % der Beschäftigten identifizieren sich mit dem Ziel des exzellenten Kundenservice.

1b Kontinuierliche Verbesserung des Managementsystems

WORUM GEHT ES?

Die Optimierung des Managementsystems ist eine Investition in die Strukturen des Unternehmens. Eine Investition ist dadurch gekennzeichnet, dass sie mit einer Auszahlung beginnt. Führungskräfte müssen für die kontinuierliche Verbesserung Ressourcen bereitstellen, damit Veränderungen sowohl im Prozess als auch am Prozess stattfinden können.

Die Mitarbeiter benötigen neben finanziellen und materiellen Budgets vor allem die aktive Unterstützung durch die Führungskräfte des Unternehmens.

WAS BRINGT ES?

Durch persönliches Engagement und Bereitstellung von Ressourcen demonstriert die Führung des Unternehmens seinen Mitarbeitern, dass eine kontinuierliche Verbesserung der Unternehmensqualität von der obersten Leitung gewollt ist und sich ein Einsatz für die Mitarbeiter lohnt.

WIE GEHE ICH VOR?

Persönliche Mitwirkung bedeutet in diesem Zusammenhang zunächst das aktive Engagement der Führungskräfte z. B. bei

▶ der Festlegung von Prioritäten von Verbesserungsmaßnahmen,
▶ der Durchführung von Selbstbewertungen,
▶ der Moderation von Problemlösungsgruppen,
▶ der Umsetzung von Maßnahmen zur Verbesserung der Qualität in den betrieblichen Prozessen insbesondere dann, wenn Machtbarrieren zu überwinden sind,
▶ der aktiven Unterstützung einzelner Mitarbeiter,
▶ der Durchführung von Schulungen.

Granite Rock

Die Führungskräfte arbeiten aktiv an der Entwicklung und Umsetzung interner und externer Qualifizierungskonzepte mit. Weiterhin ist die Bewertung und Verbesserung des gesamten Managementsystems Bestandteil der Aufgaben der obersten Führungsebene.

Darüber hinaus müssen die Führungskräfte notwendige Veränderungen am System vornehmen, falls der Wertschöpfungsprozess dies verlangt. Die Veränderungen müssen durch die Führung messbar gemacht werden.

Bertelsmann

Knowledge Building wird bei dem Medienkonzern groß geschrieben. Dies fängt bei der aktiven Einbringung des Vorstandsvorsitzenden an, der sich selbst intensiv weiterbildet.

1c   Engagement bei Kunden, Partnern und Gesellschaft

WORUM GEHT ES?

Das Konzept der Kunden-Lieferantenbeziehungen wird besonders an den Grenzen des eigenen Unternehmens deutlich. Auch hier darf es nicht zum Bruch der Wertschöpfungskette kommen.

Nur wenn es den Führungskräften gelingt, die Bedürfnisse der Kunden, Lieferanten und der Gesellschaft zu verstehen, können alle Interessenpartner zufrieden gestellt werden. Hierzu gehören selbstverständlich auch die Anteilseigner des Unternehmens.

WAS BRINGT ES?

Die Bemühungen um die Partner des Unternehmens bringen u. a. folgende Vorteile für beide Seiten:

▶ höhere Kundenzufriedenheit,
▶ steigende Effektivität von Maßnahmen in Bezug auf Kunden und Lieferanten,

▶ kürzere Reaktionszeiten auf geänderte Kundenwünsche oder Marktänderungen,
▶ reibungslosere Zusammenarbeit mit Lieferanten.

Die Kommunikation des Unternehmens mit seiner Umwelt (Investoren, Banken, Verbänden und politischen Gremien, Wettbewerbern, der Gesellschaft ganz allgemein) wirkt vertrauensbildend. Notwendige Zustimmungen zu Unternehmensaktivitäten werden unbürokratischer getroffen und Einigungen über ein gemeinsames Vorgehen schneller erzielt.

WIE GEHE ICH VOR?

Den Führungskräften obliegt hier die Aufgabe, ein Vertrauensverhältnis aufzubauen und dafür zu sorgen, dass die Gedanken der Prävention und des partnerschaftlichen Umgangs über die Unternehmensgrenzen hinaus Anwendung finden. Die Führungsteams beider Seiten müssen die Basis dafür schaffen, dass die Nahtstellen zu Kunden und Lieferanten von beiden Seiten optimiert werden können (siehe hierzu auch Kriterium 4).

Es gibt zahlreiche Beispiele, wie Führungskräfte ihr persönliches Engagement gegenüber Kunden und Lieferanten zeigen:

▶ Viele Führungskräfte investieren angesichts der Bedeutung dieser Nahtstellen für den Unternehmenserfolg einen hohen Zeitanteil ihrer eigenen Arbeitszeit für die Kommunikation mit Kunden und Lieferanten.
▶ Es werden periodisch wiederkehrende Gesprächsrunden auf höchster Ebene vereinbart, um systematisch über die Chancen und Probleme der weiteren Zusammenarbeit zu

beraten. In diesen Beratungen werden auch die Bedürfnisse des Kunden bzw. Lieferanten erfasst.

► Die erhobenen Daten werden auf höchster Ebene systematisch aufbereitet und in Maßnahmen überführt, deren Wirksamkeit dann von entsprechenden Führungskräften überprüft wird.

► Es werden in zahlreichen Unternehmen Bewertungs- und Rückmeldesysteme über die Güte der Zusammenarbeit etabliert. Derartige Informationen werden systematisch als Managementinstrument genutzt.

► In das partnerschaftliche Kunden-Lieferantenverhältnis werden gegenseitige Schulungs- und Beratungsleistungen integriert (z. B. Fehlerverhütung durch richtige Produktnutzung beim Kunden).

► Es werden Verbesserungsvorschläge von Händlern oder ein hoher Lieferservice bei Lieferanten von der obersten Leitung ausgezeichnet (QS 9000, A-Lieferanten, ...).

1d   Mitarbeitermotivation und Anerkennung von Leistungen

Um eine Kultur der Excellence umfassend im Unternehmen zu etablieren, ist es notwendig, dass sich das Verhalten von Mitarbeitern sowie die Einstellung zu ihrer Tätigkeit ändert. Diese Veränderungsbereitschaft ist allerdings nur in geringem Ausmaß vorhanden.

„... Menschen, die jahrelang auf Anpassung, Gehorsam und Unterwürfigkeit konditioniert wurden, verbietet eine aus dieser Erfahrung erworbene Klugheit, sich ohne Mehrfachvergewisserung auf Veränderungen einzulassen."

Quelle: Doppler, K.: Management der Veränderung, Organisationsentwicklung Nr. 10 (1991) 1, S. 18–30.

Jeder Mitarbeiter bringt ein gewisses Potenzial an Kreativität und Engagement mit. Dieses Potenzial wird in vielen Unternehmen nur in Ansätzen ausgeschöpft. Neben vielen anderen Faktoren zur Zufriedenheit benötigt jeder Mitarbeiter vor allem das Gefühl, dass seine Arbeit und sein Einsatz für das Unternehmen gewollt sind und wahrgenommen werden.

Schindlerhof

Der Landgasthof Schindlerhof setzt das Potenzial seiner Mitarbeiter frei entsprechend dem Motto: Work hard and have fun. Eine anspruchsvolle Selektion sowie regelmäßige Feedbacks und Leistungsmessungen helfen dabei.

WAS BRINGT ES?

Ein derartiges Führungsverhalten

- stabilisiert ein qualitätsförderliches Verhalten der Mitarbeiter und korrigiert ein möglicherweise verschwenderisches Verhalten,
- aktiviert einen Prozess mit der Möglichkeit, voneinander zu lernen,
- informiert und motiviert. Es reduziert Ungewissheit und schafft damit die Voraussetzung für qualitätsförderliches Handeln.

Da quasi jeder im Unternehmen einen Vorgesetzten hat, ist die Durchgängigkeit des Konzeptes von der obersten Geschäftsleitung bis zur untersten Ebene von entscheidender Bedeutung.

WIE GEHE ICH VOR?

Die Führungskräfte müssen nach Wegen suchen, wie sie den Mitarbeitern ein Feedback zu ihrer geleisteten Arbeit geben können.

Edelmann

Mitarbeiter präsentieren die Ergebnisse von umgesetzten Verbesserungen direkt vor der Geschäftsleitung.

Aus diesem Feedback muss ersichtlich werden, wie Verhaltensweisen und Leistungen der handelnden Mitarbeiter von internen bzw. externen Kunden und Lieferanten wahrgenommen, erlebt und bewertet werden.

Milliken European Division

Die Belegschaft wählt einen Mitarbeiter des Monats. Dies ermöglicht neben der Bewertung überdurchschnittlicher Leistung zusätzlich eine Anerkennung der sozialen Kompetenz des jeweils Gewählten. Diese Bewertung kann von der Gruppe sicherlich besser vorgenommen werden als von einem Vorgesetzten.

Um eine derartige Kommunikation aufzubauen und volle Wirksamkeit zu entfalten, müssen sich alle Führungskräfte durchgängig über alle Ebenen und Bereiche hinweg engagieren.

Folgende Grundsätze sind zu beachten:

▶ Das Feedback muss an die zugrunde liegende Leistung angepasst sein.

▶ Das Feedback muss sich auf eine Verhaltensweise beziehen, die der Mitarbeiter beeinflussen kann.

▶ Das Feedback muss so schnell wie möglich gegeben werden.

▶ Hinter allen Maßnahmen muss ein ganzheitliches Belohnungskonzept stehen, das einer regelmäßigen Bewertung unterzogen wird.

Grundsätzlich ist zur Erlangung von Excellence ein verändertes Mitarbeiterverhalten bzw. eine veränderte Einstellung der Mitarbeiter erforderlich. Entsprechend müssen die Führungskräfte auf allen Ebenen qualitätsorientierte Ziele in Bewertungs- und Belohnungssystemen berücksichtigen.

Texas Instruments (TI)

Persönliche Würdigungen und Belohnungen sind von den Verdiensten um die Unternehmenswerte abhängig.

Kriterium 2: Politik und Strategie

Die Politik und Strategie eines Unternehmens basieren auf einer Vision und Mission. In der formulierten Politik muss das Wertesystem des Unternehmens zum Ausdruck kommen, dessen Umsetzung in einer Unternehmensstrategie festgelegt wird. Notwendig ist die Darlegung, wie bei der Formulierung, Umsetzung, Überprüfung und Verbesserung von Politik und Strategie die Einbeziehung der Interessengruppen stattfindet. Die Beurteilung aller Befähiger-Kriterien bezieht sich darauf, wie Führung und Mitarbeiter die Ressourcen und Prozesse entsprechend der Politik und Strategie einsetzen bzw. gestalten. Daher ist diesem Kriterium größte Aufmerksamkeit zu schenken. Die EFQM unterteilt das Kriterium Politik und Strategie in fünf Unterpunkte:

2a Politik und Strategie beruhen auf den gegenwärtigen und zukünftigen Bedürfnissen und Erwartungen der Interessengruppen.

2b Politik und Strategie beruhen auf Informationen und Leistungsmessungen, Marktforschung sowie den lernorientierten und kreativen Aktivitäten.

2c Politik und Strategie werden entwickelt, überprüft und nachgeführt.

2d Politik und Strategie werden durch eine Struktur von Schlüsselprozessen umgesetzt.

2e Politik und Strategie werden kommuniziert und eingeführt.

2a   Aufbau von Politik und Strategie auf den Bedürfnissen der Interessengruppen

WORUM GEHT ES?

Die Unternehmenspolitik und -strategie müssen aus den Bedürfnissen und Erwartungen der Interessengruppen abgeleitet werden. Die Unternehmensziele müssen mit den Zielen der Interessenpartner übereinstimmen. Politik und Strategie müssen die unterschiedlichen Erwartungen von Kunden, Mitarbeitern, Lieferanten, Anteilseignern und Gesellschaft zusammenführen.

WAS BRINGT ES?

Um ein Unternehmen dauerhaft zur Excellence zu führen, muss ein kontinuierlicher Veränderungsprozess gestartet werden. Aufgabe ist es, von einem Programmcharakter abzurücken bzw. einen solchen gar nicht erst aufkommen zu lassen. Durch die Formulierung von konkreten umsetzbaren Zielen in der Politik und Strategie ist es möglich, den Handlungsrahmen für das Unternehmen vorzugeben. Von der obersten Geschäftsleitung bis zur ausführenden Ebene können sich alle an den gleichen Zielen orientieren. Darüber hinaus ist es notwendig, bei der Erstellung von Politik und Strategie die Wettbewerbssituation systematisch zu analysieren und einzubeziehen.

WIE GEHE ICH VOR?

In einem Unternehmensleitbild (Vision) und den daraus abgeleiteten Unternehmensleitlinien (Mission) müssen sich die Erwartungen der Interessengruppen deutlich widerspiegeln. Es ist möglich, das Leitbild durch verschiedene Prinzipien zu konkretisieren (z. B. Kundenorientierung, Mitarbeiterorientierung, ständige Verbesserung, Ausrichtung auf die Prozesse, präventives Handeln).

Rank Xerox

Die Führungskräfte formulierten Leitlinien, die in sechs kurzen Sätzen die wesentlichen Prinzipien der Unternehmenskultur wiedergeben.
• Wir haben Erfolg durch Zufriedenstellung unserer Kunden.
• Wir schätzen unsere Mitarbeiter.
• Wir streben nach Excellence bei allem, was wir machen.
• Wir verlangen erstklassige Kapitalrenditen.
• Wir benutzen Technologie zur Entwicklung von Produktführerschaft.
• Wir verhalten uns wie verantwortliche Mitglieder der Gesellschaft.

Jeder Mitarbeiter kann sich mit den Leitlinien identifizieren und seinen Beitrag zum Erfolg des Unternehmens leisten.

Bombardier Transportation

Im Rahmen mehrerer Workshops wurden von leitenden Mitarbeitern Führungsgrundsätze erarbeitet. Die Grundsätze bilden einen Handlungskodex für:
- die Beziehungen im Konzern,
- die Führungsverantwortung,
- die Beziehungen zu den Mitarbeitern,
- die Personalentwicklung,
- den Personaleinsatz und
- die Zusammenarbeit mit dem Betriebsrat.

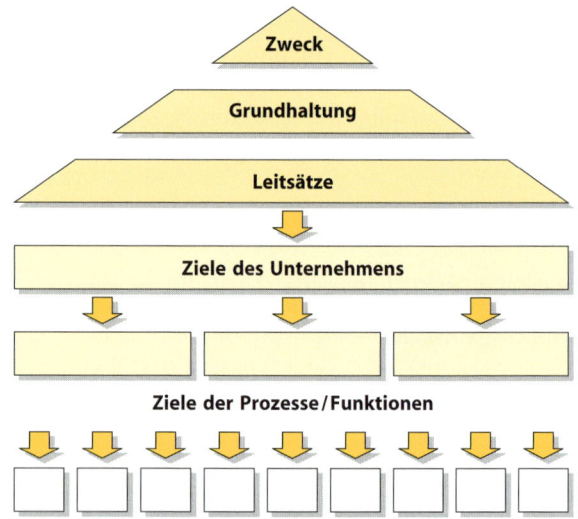

Bild 9: *Unternehmensweite Zielentfaltung*

2b   Faktenorientierte Grundlage der Politik und Strategie

WORUM GEHT ES?

Die Politik und Strategie müssen auf objektiven, messbaren Fakten beruhen. Dazu gehören z. B. Marktinformationen, Best Practice Benchmarks sowie technologische Entwicklungen. Trends und Entwicklungen müssen messbar gemacht und die Leistungsindikatoren kontinuierlich ermittelt werden.

WAS BRINGT ES?

Faktenbasierte Grundlagen bewirken, dass die Politik und Strategie von allen Interessenpartnern des Unternehmens nachvollzogen, akzeptiert und mit Leben gefüllt werden können.

Die einheitliche Ausrichtung aller Handlungen und Entscheidungen wird durch die Festlegung der Politik und Strategie nachhaltig unterstützt.

WIE GEHE ICH VOR?

Zu den traditionellen betriebswirtschaftlichen Daten und Informationen werden weitere mittelbare Indikatoren benötigt, wie z. B.:

- Feedback von Kunden und Lieferanten
- Feedback von Mitarbeitern des Unternehmens
- Daten über die Leistungen von Konkurrenten und „Klassenbesten" (Benchmarking)
- Daten über gesellschaftliche, ordnungspolitische und rechtliche Belange

Der Prozess der Datenerhebung und Transformation in Politik und Strategie muss über die Zeit konsequent verfolgt werden und auf einer Systematik beruhen.

Yellow Pages

Der Marktführer in Großbritannien hat ein intensives Programm zur Erhöhung der Kundenzufriedenheit etabliert. Die strategischen Zielvorgaben werden aus dem Gesamtziel 100 % Kundenzufriedenheit abgeleitet.

2c   Entwicklung, Überprüfung und Aktualisierung der Politik und Strategie

WORUM GEHT ES?

Die Politik und Strategie müssen in Einklang mit der Mission, Vision und den Werten des Unternehmens erarbeitet werden. Die einmal festgelegte Politik und Strategie stehen der Umweltdynamik gegenüber und müssen daher ständig aktualisiert und verbessert werden. Benötigt werden Instrumente, die die Wirksamkeit und Relevanz von Politik und Strategie bewerten und Prozesse zu deren Überarbeitung und Verbesserung in Gang setzen. Von entscheidender Bedeutung ist hier, dass man dem Charakter der Politik und Strategie gerecht wird. Ein allzu häufiges Überarbeiten widerspricht der Aufgabe, als langfristiges Orientierungsmaß zu dienen. Daher muss die Formulierung vielschichtig und global sein, so dass kleine Veränderungen der Umwelt abgefangen werden können.

WAS BRINGT ES?

Nur eine an die Umweltbedingungen angepasste Politik und Strategie sind in der Lage, eine Richtlinie aufzuzeigen, die für die Mitarbeiter der Organisation auch nachvollziehbar ist und demnach auch von diesen getragen wird.

WIE GEHE ICH VOR?

Für die Bewertung der Effizienz und Griffigkeit von Politik und Strategie sind Selbst- und Fremdbewertungsinstrumente gut geeignet.

Aral

Die Top-Manager der Aral AG wurden 1996 nach und nach für drei Tage vor Ort in den Tankstellen des Unternehmens eingesetzt. Aus dieser Erfahrung heraus hat jeder zahlreiche Verbesserungsvorschläge für seine eigene Arbeit ableiten können.

Bild 10: *Strategische Planung als kontinuierlicher Prozess*

Auch ein Review-Prozess kann hier im Rahmen des PDCA-Zyklus (Plan-Do-Check-Act) angewandt werden.

2d Umsetzung der Politik und Strategie durch Schlüsselprozesse

WORUM GEHT ES?

Politik und Strategie können nur dann im Unternehmen implementiert werden, wenn eine Reihe von konkretisierten Schlüsselprozessen zur Umsetzung definiert sind. Den einzelnen Schlüsselprozessen müssen klare Prozesseigner zugeordnet werden, die die Effektivität und Struktur der Prozesse ständig überprüfen und verbessern.

WAS BRINGT ES?

Politik und Strategie können erst dann ihre richtungsweisende Wirkung entfalten, wenn sie im ganzen Unternehmen umgesetzt und befolgt werden. Es muss eine Systematik zur Umsetzung der Politik und Strategie vorliegen, damit auf veränderte Prioritäten sowie sich ändernde Ziele eingegangen werden kann.

WIE GEHE ICH VOR?

Voraussetzung für die Umsetzung von Politik und Strategie ist die Formulierung von Handlungsplänen, die mit den Unternehmensleitlinien konform gehen. Das Unternehmen benötigt Instrumente, die den Planungsprozess unterstützen, aber auch selbst regelmäßig überprüft und verbessert werden.

Ein geeignetes Instrument für die Entfaltung der Politik und Strategie sind die Zielplanung und -entfaltung (Policy Deployment).

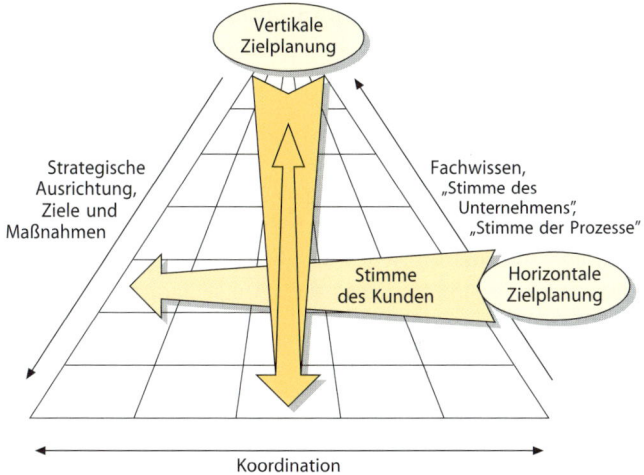

Bild 11: *Abstimmung von vertikalen und horizontalen Zielen*

Anders als beim „Management by Objectives" werden beim Policy Deployment nicht nur strategische Vorgaben von oben operationalisiert, sondern auch mit horizontalen Zielen abgestimmt, die durch Kundenwünsche und Leistungen der Prozesse vorgegeben werden.

Vaillant

Das von Vaillant entwickelte Qualitätskonzept sieht eine regelmäßige Messung und Überprüfung der Politik und Strategie vor.

2e Kommunikation und Einführung der Politik und Strategie

WORUM GEHT ES?

Werden Politik und Strategie im Unternehmen nicht kommuniziert, so sind sie nur von geringem Nutzen. Es muss ein systematischer Prozess initiiert werden, dessen Ziel die vollständige Information jedes Mitglieds der Organisation bezüglich des Verständnisses und der Umsetzung von Strategie und Politik ist.

WAS BRINGT ES?

Nur umfassend informierte Mitarbeiter werden die nötige Offenheit für Veränderungen an den Tag legen, so dass eine gut kommunizierte Politik und Strategie zu einer hohen Akzeptanz führen.

WIE GEHE ICH VOR?

Der Kommunikationsprozess sollte eng verbunden sein mit dem Planungsprozess. Wird bereits im interdisziplinären Team geplant, so entsteht schon während des Prozesses eine Informationskaskade, die zu einer weiten Verbreitung der Informationen führt.

Weitere Vorgehensweisen können sein:

▶ Nutzung von Medien wie Intranet, E-Mail, Rundschreiben, Betriebszeitungen, Aushänge und Videos.

Mitropa

Acht gemeinsam mit dem Management entwickelte Unternehmensgrundsätze – gedruckt in Form einer Speisekarte – werden jedem Mitarbeiter, ganz gleich in welcher Hierarchiestufe, übergeben. Das Druckwerk erhält auch jeder neue Mitarbeiter.

▶ Persönliche Kommunikation durch Vor-Ort-Besuche des Top-Managements.

Texas Instruments (TI)

Die Führungskräfte von TI praktizieren das „Management by Walking Around" und nutzen diese Gelegenheit zur Kommunikation der Politik.

▶ Hierarchieübergreifende, informelle Gespräche – z. B. in der Kantine oder auf Seminaren.

Bei allen genannten Maßnahmen ist stets eine Erfolgskontrolle im Rahmen von regelmäßigen Mitarbeiterbefragungen sinnvoll. Schon allein die Frage nach den Grundsätzen des Unternehmens kann in vielen Fällen eine mangelnde Kommunikation von Politik und Strategie zum Vorschein bringen.

Kriterium 3: Mitarbeiter

Der Mitarbeiter spielt im Unternehmen eine wesentliche Rolle und wird im Excellence-Modell der EFQM deutlich hervorgehoben. Unter dem Kriterium 3 werden alle Aktivitäten betrachtet, die das Unternehmen einsetzt, um das Potenzial der Mitarbeiter freizusetzen und die Geschäftstätigkeit ständig zu verbessern.

Alle Mitarbeiter unternehmensweit in kontinuierliche Verbesserungsprozesse einzubeziehen bedeutet, dass diesen u. a. die entsprechende Aufmerksamkeit entgegengebracht werden muss. Es müssen ganzheitliche Konzepte der Mitarbeiterführung erarbeitet, systematisiert und ständig verbessert werden.

Das Kriterium Mitarbeiter wird anhand der folgenden Unterkriterien betrachtet:

3a Mitarbeiterressourcen werden geplant, gemanagt und verbessert.

3b Das Wissen und die Kompetenz der Mitarbeiter werden ermittelt, ausgebaut und aufrechterhalten.

3c Mitarbeiter sind beteiligt und zu selbstständigem Handeln ermächtigt.

3d Mitarbeiter und Organisation führen einen Dialog.

3e Mitarbeiter werden belohnt, anerkannt und man kümmert sich um sie.

3a   Planung und Verbesserung der Mitarbeiterressourcen

WORUM GEHT ES?

Einem Unternehmen steht mit seinen Mitarbeitern zur Erfüllung der Geschäftstätigkeiten ein bestimmter Umfang an Humankapital zur Verfügung. Dieses Kapital gilt es zu erhalten, möglichst effizient einzusetzen und weiterzuentwickeln. Dazu müssen Rahmenbedingungen geschaffen werden, die einerseits der Führung des Unternehmens transparent aufzeigen, welches Humankapital vorhanden ist und anderseits dem Mitarbeiter die Möglichkeit geben, seine Arbeit so auszuführen, dass er darin Erfüllung findet. Insbesondere werden Bestandteile der Personalplanung betrachtet, die es dem Unternehmen ermöglichen, eine höhere Rentabilität zu erzielen.

WAS BRINGT ES?

► Die langfristige Neuorientierung des Unternehmens wird mit Hilfe einer geeigneten Personalstruktur und -entwicklung gefestigt.
► Der Mitarbeiter kann steigende Belastungen durch höhere Qualifikation und methodische Unterstützung wieder ausgleichen.
► Eine nachhaltige Motivation des Mitarbeiters hat eine höhere Leistungsbereitschaft zur Folge. Die Produktivität seiner Arbeit nimmt deutlich zu.

WIE GEHE ICH VOR?

Die Anforderungen an und von den Mitarbeitern müssen systematisch erfasst werden (z. B. mit Hilfe von Checklisten, Interviews, Mitarbeitergesprächen; vgl. Kriterium 7), um Personalplanung und -einsatz ständig zu verbessern.

► Mitarbeiter werden gezielt auf neue Aufgaben vorbereitet.
► Arbeitsbedingungen der Mitarbeiter werden an die Arbeitsaufgaben angepasst.
► Eine enge Orientierung der strategischen Personalplanung an der Politik und Strategie des Unternehmens muss gewährleistet werden.
► Entlohnungen, innerbetriebliche Umbesetzungen von Stellen wie auch Entlassungen orientieren sich an der strategischen Ausrichtung.

AT & T Consumer Communications Service (CCS)

Die Personalplanung ist fester Bestandteil der Unternehmenskultur. Wie für die Kunden werden bei CCS auch für die Mitarbeiter Schlüsselbedürfnisse durch jährliche Umfragen, firmenspezifische Erhebungen, Karriereplanung und Leistungsbewertungen durch das Management identifiziert. Die Ergebnisse sind genau definierte Ziele für Training, Neubesetzungen, Prozess- und Arbeitsreorganisation und zuletzt für Belohnungen, Anerkennung und Vergütungen.

3b   Erhalt und Weiterentwicklung der Kompetenzen und Fähigkeiten der Mitarbeiter

WORUM GEHT ES?

In Form eines Soll-Ist-Vergleichs sind unter diesem Punkt drei Fragen zu bearbeiten:

1. Welche Anforderungen an die Kompetenzen und Fähigkeiten der Mitarbeiter ergeben sich aus den Anforderungen der Prozesse zur Erfüllung der Kundenanforderungen (Soll)?
2. Welche Qualifikationen werden von den Mitarbeitern abgedeckt (Ist)?
3. Wie kann die Lücke geschlossen werden (Differenz)?

WAS BRINGT ES?

Die gezielte Auswahl und Weiterentwicklung von Personal erhöhen die Motivation und Leistung der Mitarbeiter. Durch einen qualifikationskonformen Einsatz der Mitarbeiter werden diese zwar gefordert, aber nicht überfordert. Perspektiven wie z. B. eine Anerkennung oder gar Beförderung erhöhen die Zufriedenheit der Mitarbeiter und führen zu einer höheren Leistung für das Unternehmen.

WIE GEHE ICH VOR?

Um diese Vorteile nutzen zu können, muss ein institutionalisiertes und vor allem transparentes System existieren, mit dem der optimale Einsatz und die Entwicklung der Mitarbeiter gesteuert werden.

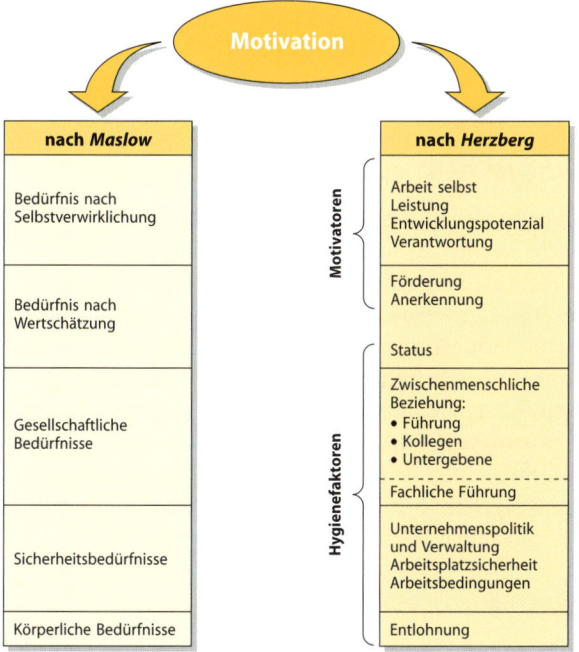

Bild 12: *Mitarbeitermotivation*

Die Mitarbeiter müssen selbst sehen können, wo ihre Entwicklungsmöglichkeiten sind und wo deren Ausprägung hinführen kann.

Cadillac Motor Company

Bei Cadillac gibt es eine systematische Personalentwicklung. Jeder Bereich legt fest, welche Fähigkeiten und welches Wissen Mitarbeiter haben müssen, um Qualitätsziele zu erreichen. Trainingsprogramme sind zugeschnitten auf individuelle Bedürfnisse.

3c   Beteiligung und Autorisierung der Mitarbeiter

WORUM GEHT ES?

Excellence kann nur durch Mitwirkung aller Mitglieder erreicht werden. Sie alle müssen sich am Prozess der ständigen Verbesserung beteiligen und zum verantwortlichen Handeln ermutigt werden. Die Mitarbeiter müssen die kontinuierliche Verbesserung als Teil ihrer täglichen Aufgaben verstehen. Die Erfüllung dieser Aufgabe muss von den Führungskräften entsprechend anerkannt und gewürdigt werden. Kompetenz und Verantwortung müssen an einer Stelle zusammenlaufen. Die Mitarbeiter benötigen zur Erledigung ihrer Aufgaben den entsprechenden Handlungsspielraum, für den sie auch Verantwortung übernehmen.

WAS BRINGT ES?

Die Einbindung der Mitarbeiter in den kontinuierlichen Verbesserungsprozess (KVP) zielt auf ein kreativeres Verhalten der Mitarbeiter. Enge Handlungsgrenzen lassen im Zweifel auch nur begrenzt Ideen für Verbesserungen zu. Entsprechend große Freiräume ermöglichen die Nutzung des gesamten Potenzials an „Expertenwissen" vor Ort. Es wird das Wissen derjenigen Mitarbeiter aktiviert, die in die zu verbessernden Prozesse selbst involviert sind.

Mitarbeiter müssen zum Unternehmer im Unternehmen werden. Langfristig werden die Mitarbeiter ihre Ressourcen gezielt und verantwortungsbewusst einsetzen. Die ständige Verbesserung in kleinen Schritten ist neben innovativen Sprüngen notwendig, um dem zeitlichen Werteverfall durch u. a. Abnutzung und Nachlässigkeit entgegenzuwirken.

All diese Maßnahmen zielen eher auf die intrinsische Motivation (aus eigenem Antrieb) der Mitarbeiter, wohingegen Prämienregelungen und ein angepasstes Entlohnungssystem oder Zwang eher die extrinsische Motivation der Mitarbeiter betrifft.

WIE GEHE ICH VOR?

Die Mitarbeiter müssen Techniken beherrschen, mit denen sie ihre eigenen Prozesse analysieren und dokumentieren können.

Sie müssen lernen, komplexe Zusammenhänge abzubilden, Schwachstellen zu erkennen und nach Lösungen zu suchen. Es bietet sich an, den Umgang mit Qualitätstechniken wie z. B. den Q7 und M7 zu schulen (siehe Pocket Power Qualitätstechniken).

Die geschulten Techniken müssen sehr einfach in der Anwendung sein und standardisierte Abläufe aufzeigen. Darüber hinaus müssen im Unternehmen Moderatoren für die Arbeit in Problemlösungsteams ausgebildet werden.

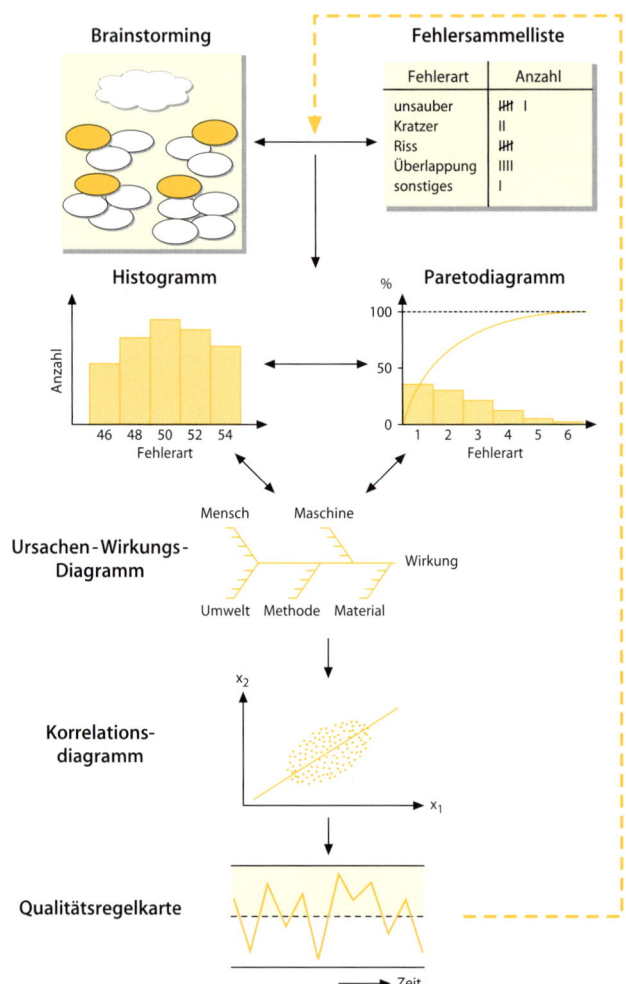

Bild 13: *Zusammenspiel der Qualitätswerkzeuge (Q7)*

Die Mitarbeiter müssen die entsprechende Zeit für die Arbeit in Problemlösungsgruppen erhalten und auch so weit wie möglich mit der Umsetzung der Verbesserungsvorschläge betraut werden.

Die konsequente Integration der kontinuierlichen Verbesserung in allen Aufgabenbereichen wird darüber hinaus durch eine Umstellung der Entlohnungssysteme gefestigt.

Volvo Cars

In der größten Fertigung außerhalb Schwedens arbeiten die Mitarbeiter eigenverantwortlich in Zwölferteams zusammen. Sie übernehmen in diesen Teams Aufgaben zur Prozessverbesserung und produktiver Instandhaltung unter Anwendung von Problemlösungstechniken.

Verbesserungs-vorschläge

nach *BVW*	nach *KVP*
• Freiwillige Zusatzleistung • Eigenständige Idee mit realisierbarem Lösungsweg • Vorschlag außerhalb eigenem Arbeitsbereich • Meist in der Freizeit erarbeitet • Bewertung und Prämierung nach Vorschrift der Betriebsvereinbarung	• Teil der Arbeitsaufgabe • In der Regel Gruppenvorschlag • Vorschlag innerhalb eigenem Arbeitsbereich • Während der Arbeitszeit erarbeitet • Unterschiedliche Arten in der Anerkennung

Bild 14: *BVW versus KVP*

Ein betriebliches Vorschlagswesen (BVW) kann eine gute Basis für den Start eines kontinuierlichen Verbesserungsprozesses (KVP) sein (siehe Pocket Power Der kontinuierliche Verbesserungsprozess). Ein klassisches Vorschlagswesen muss jedoch vor allem auf seine Transparenz und sein Beurteilungsverfahren hin überprüft und gegebenenfalls verbessert werden.

3d Kommunikation zwischen Mitarbeitern und Unternehmen

WORUM GEHT ES?

In einem Unternehmen muss klar definiert sein, welcher Kommunikationsbedarf besteht und wie die Kommunikation bewertet und verbessert werden kann. Fachlich und persönlich sollten Vorgesetzte für Mitarbeiter jederzeit ansprechbar sein (Politik der offenen Tür). Kommunikation muss über Hierarchieebenen hinweg möglich und erwünscht sein. Es müssen vielfältige und transparente Kommunikationswege geschaffen werden.

WAS BRINGT ES?

Eine wirksame Kommunikation ist Grundlage für ein einheitliches Verständnis von Zielen, für einen aktuellen Informationsstand sowie für eine schnelle Reaktionsfähigkeit auf sich ändernde Umweltbedingungen. Ist eine Kommunikation über mehrere Hierarchieebenen hinaus möglich bzw. wird zu einer solchen ermutigt, so ist die Informationsqualität aufgrund ausgelassener Informationsfilter für die Beteiligten oft höher.

Ein ausgefeiltes Kommunikationssystem im Unternehmen schafft transparente Entscheidungsgrundlagen. Mit der

umfassenden Information und den Kommunikationshilfs-
mitteln steigt das Verständnis für die eigene Situation und
für die Situation des Kollegen.

WIE GEHE ICH VOR?

Zu den Rahmenbedingungen für eine wirksame Kommunikation gehört zunächst eine Darstellung der traditionellen Kommunikationswege, wie z. B. Sitzungen, Bespre-
chungen oder Mitarbeitergespräche. Darüber hinaus sollte
überprüft werden, inwieweit Informationen rechtzeitig und
umfassend ihren endgültigen Adressaten erreichen.

Die Werbung hat darüber hinaus vielfältige Instrumente
zur Information und Kommunikation geschaffen. Der über-
wiegende Teil dieser Instrumente kann in angepasster Form
auch im Unternehmen angewendet werden. Dem Einsatz der
folgenden Kommunikationsmittel sollten möglichst Ziel-
gruppenanalysen vorgeschaltet werden:

- Intranet
- Mailing-Systeme
- Mitarbeiterzeitschriften
- Anschlag-/Infotafeln
- Flugblätter
- Gesprächsrunden
- Online-Befragungen

3e   Anerkennung und Belohnung von Mitarbeitern

WORUM GEHT ES?

Für die Anerkennung und Belohnung der Mitarbeiter bilden konkrete Zielerreichungen die Grundlage. Auf allen Ebe-

nen und Bereichen des Unternehmens werden Ziele für die Mitarbeiter abgeleitet. Jeder Mitarbeiter sieht sich danach zahlreichen Anforderungen ausgesetzt. Viele Anforderungen ergeben sich aus für ihn nicht einsichtigen komplexen Zusammenhängen. Diese Komplexität und Undurchsichtigkeit der Zusammenhänge müssen aufgelöst und handhabbar gemacht werden.

WAS BRINGT ES?

Eine Verständigung der Führungskräfte mit ihren Mitarbeitern über operationale Ziele fördert das gegenseitige Verständnis. In den dafür notwendigen Gesprächen bilden sich einheitliche Wertvorstellungen. Diese Ziele müssen in einem weiteren Schritt überprüft und aktualisiert werden.

Hintergrund für ein solches Vorgehen ist die Erkenntnis, dass Mitarbeiter und Teams nur die Ziele verfolgen, von deren Notwendigkeit und Richtigkeit sie überzeugt sind. In Kenntnis der eigenen Fähigkeiten und betrieblichen Möglichkeiten suchen sie dann nach Wegen zu ihrem eigenen Ziel. Sie wissen am besten, ihre eigenen Spielräume auszunutzen und damit einen für sie angenehmen und für die Organisation erfolgreichen Weg zu finden.

Durch eine regelmäßige Überprüfung der Ziele kann auf geänderte Umweltbedingungen reagiert werden.

WIE GEHE ICH VOR?

Im Rahmen eines partizipativen Führungsstils werden die Mitarbeiter und Teams aufgefordert, ihre aus dem Wertschöpfungsprozess entstehenden Ziele weitestgehend selbst zu bestimmen (horizontale Ziele). Gradmesser ist die am Kunden ausgerichtete Nutzleistung. Die vertikalen

Ziele ergeben sich aus Konkretisierung der Politik und Strategie.

Neben den horizontalen und vertikalen Zielen im Unternehmen hat jeder Mitarbeiter noch persönliche Ziele. Es muss durch geeignete Verfahren gewährleistet sein, dass die horizontalen und persönlichen Ziele konform mit den Unternehmenszielen sind.

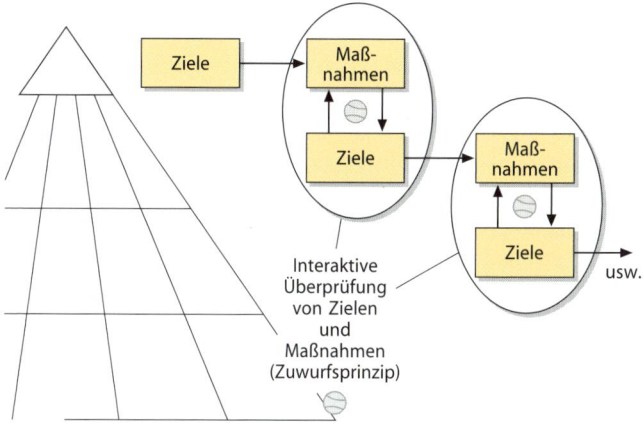

Bild 15: *Vereinbarung und Überprüfung von Zielen*

Ein jährlich wiederkehrendes Verhandeln zwischen Vorgesetzten und Mitarbeitern über die individuellen Ziele könnte beispielhaft sein. Die Erreichung wird in monatlichen Abständen überprüft und muss in allen Fällen zu Konsequenzen für den Mitarbeiter führen, beispielsweise in Form einer Belohnung oder bei Misserfolg in Form von Unterstützung.

Rank Xerox

Der Fortschritt auf dem Weg zur Erreichung der Ziele wird regelmäßig überprüft. Der Nutzen der Reviews liegt in der Darstellung der Ergebnisse, dem Erkennen von Verbesserungsmöglichkeiten und der Überarbeitung der Ziele.

Kriterium 4: Partnerschaften und Ressourcen

Dieses Kriterium beschreibt das Management, den Einsatz sowie die vorbeugende Erhaltung aller Partnerschaften und Ressourcen. Es muss dargelegt werden, wie die Ressourcen und Partnerschaften eingesetzt werden, um die Unternehmenspolitik und -strategie umzusetzen. Von der EFQM werden folgende Aspekte unterschieden:

4a Externe Partnerschaften werden gemanagt.

4b Finanzen werden gemanagt.

4c Gebäude, Einrichtungen und Material werden gemanagt.

4d Technologie wird gemanagt.

4e Information und Wissen werden gemanagt.

4a   Management von externen Partnerschaften

WORUM GEHT ES?

Der Erfolg des Unternehmens ist u. a. abhängig von einer partnerschaftlichen Zusammenarbeit mit Lieferanten. Die gesamte Wertschöpfungskette einschließlich Beschaffung, Distribution, Lagerhaltung und Vertrieb unterliegen der ständigen Optimierung.

Aufgrund einer zunehmenden Konzentration auf Kernkompetenzen können nur noch wenige Unternehmen ohne die verstärkte Integration von Lieferanten auskommen. Die Lieferanten bringen das notwendige Produkt- bzw. Prozess-Know-how mit, das zur Herstellung der Produkte erforderlich ist.

WAS BRINGT ES?

Integration der Partner in die Wertschöpfungskette verringert Reibungsverluste und erhöht die Prozesseffizienz. So können z. B. Wareneingangsprüfungen reduziert werden und bei Entwicklungspartnerschaften Entwicklungszeiten reduziert und Anlaufprobleme vermindert werden.

WIE GEHE ICH VOR?

Die Verringerung der Anzahl der Lieferanten geht einher mit der Reduzierung der Fertigungstiefe (Eigenfertigung von Schlüsselkomponenten) und einer Fokussierung der Kernkompetenzen des Unternehmens.

Cadillac Motor Company

Lieferanten und Händler sind vollständig integriert in Cadillacs kundenorientierte Anstrengungen der Qualitätsverbesserungen. Drei Viertel der 55 Produkt-, Entwicklungs- und Verbesserungsteams haben Lieferanten als Mitglieder. Externe Lieferanten müssen kontinuierliche Verbesserung im Treffen der „Ziele für Exzellenz" in fünf Schlüsselbereichen demonstrieren: Produktqualität, Kosten, Lieferservice, Technologie und Management. Ein hochentwickeltes Bewertungssystem und ein Bauteilequalifikationsprozess stellen Konformität sicher und machen regelmäßige Wareneingangskontrollen überflüssig.

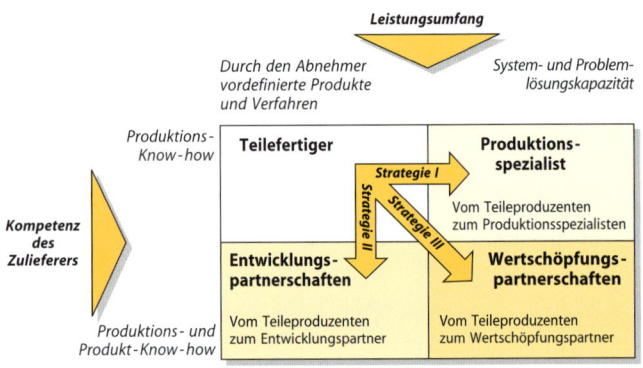

Bild 16: *Entwicklungsstrategien für Zulieferer*

4b Management der finanziellen Ressourcen

WORUM GEHT ES?

Die Umsetzung der Politik und Strategie eines Unternehmens bedarf der Unterstützung durch finanzielle Ressourcen. Das Unternehmen muss darlegen, wie der Einsatz finanzieller Mittel auf Basis der qualitätsorientierten Unternehmenspolitik und -strategie geplant, überprüft und verbessert wird.

WAS BRINGT ES?

Die Zuweisung der finanziellen Ressourcen entsprechend der Politik und Strategie bringt für das Unternehmen folgende Vorteile:

▶ Mittelverteilung entsprechend der Wertschöpfung und dem Kundennutzen von Aktivitäten,

▶ dadurch Nachvollziehbarkeit der Zuteilung finanzieller Mittel im Verteilungskonflikt,

▶ Verminderung der Auswirkungen des Verteilungskonfliktes und
▶ Herstellung einer Zielkonsistenz und Transparenz.

Der optimale Einsatz der Finanzressourcen soll zu einer kontinuierlichen Erhöhung des „Shareholder Value" führen.

WIE GEHE ICH VOR?

Der Finanzplan muss auf Grundlage der Unternehmenspolitik erstellt werden. Dabei ist eine Konsistenz mit den Unternehmenszielen sicherzustellen.

Rank Xerox

Der Finanzplan orientiert sich an den Prioritäten und Ausrichtungen, die durch das Policy Deployment vorgegeben werden. Um dabei z. B. dem Ziel „Shareholder Value" nachzukommen, werden Anteilseigner sowohl in die Reviews der Pläne wie auch in den Planungsprozess mit einbezogen.

Darüber hinaus sollten auch kunden- und prozessorientierte Daten beispielsweise durch die Anwendung der Prozesskostenrechnung und den Einsatz von Target Costing, Life-Cycle Costing und Fixkostenmanagement einbezogen werden. Solche Systeme müssen einer regelmäßigen Bewertung unterliegen und kontinuierlich weiterentwickelt werden.

Entlang der Prozesskette können alle Aktivitäten im Hinblick auf ihre Wertschöpfung beurteilt werden. Dabei können die Leistungen des Prozesses in Nutz-, Stütz-, Blind- und Fehlleistung eingeteilt werden. Fehl- und Blindleistung sollten eliminiert werden, wogegen die Stützleistung möglichst auf ein Minimum reduziert werden muss.

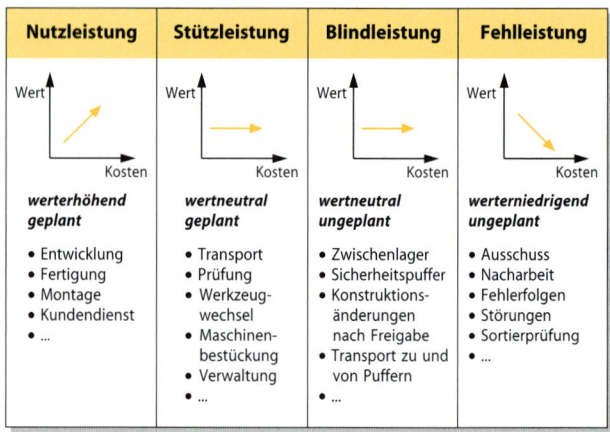

Nutzleistung	Stützleistung	Blindleistung	Fehlleistung
werterhöhend geplant	*wertneutral geplant*	*wertneutral ungeplant*	*werterniedrigend ungeplant*

• Entwicklung
• Fertigung
• Montage
• Kundendienst
• …
	• Transport
	• Prüfung
	• Werkzeug-
	  wechsel
	• Maschinen-
	  bestückung
	• Verwaltung
	• …
		• Zwischenlager
		• Sicherheitspuffer
		• Konstruktions-
		  änderungen
		  nach Freigabe
		• Transport zu und
		  von Puffern
		• …
			• Ausschuss
			• Nacharbeit
			• Fehlerfolgen
			• Störungen
			• Sortierprüfung
			• …

Bild 17: *Die vier Prozessleistungsarten*

4c   Management von Gebäuden, Einrichtungen und Material

WORUM GEHT ES?

Der Erfolg des Unternehmens beruht ebenfalls auf einem schonenden Umgang mit eingesetzten Rohstoffen. Negative Wirkungen der Produkte und Dienstleistungen auf die Umwelt müssen reduziert und nicht erneuerbare Ressourcen erhalten bzw. wiederverwertet werden.

WAS BRINGT ES?

Durch die Vermeidung von Verschwendung jeglicher Art können Rüstzeiten, Bestände und benötigte Produktions- und Lagerflächen reduziert werden. Die Optimierung der Anlageressourcen führt zur Kostenreduzierung und Effizienzsteigerung.

WIE GEHE ICH VOR?

Das Konzept der vorbeugenden Instandhaltung (TPM – Total Productive Maintenance) kann an dieser Stelle einen Beitrag zum optimalen Einsatz des Anlagevermögens leisten. Just-in-Time (JIT) und das Produktionssteuerungssystem KANBAN führen zu erheblichen Einsparungen bei der Bevorratung.

Die Devise „Vereinfachen vor Automatisieren" ermöglicht einen sparsamen Einsatz der vorhandenen Ressourcen. Produktivitätsvorteile werden durch fähige Prozesse und bessere Produktgestaltungen erreicht.

Der Aufbau eines integrierten Umweltmanagement-Systems gemäß dem Gesetz für Umweltbetriebsprüfung unterstützt die systematische Verfolgung und Verbesserung umweltrelevanter Ziele. Damit trägt das Umweltmanagement wesentlich zum Erhalt der globalen Ressourcen bei.

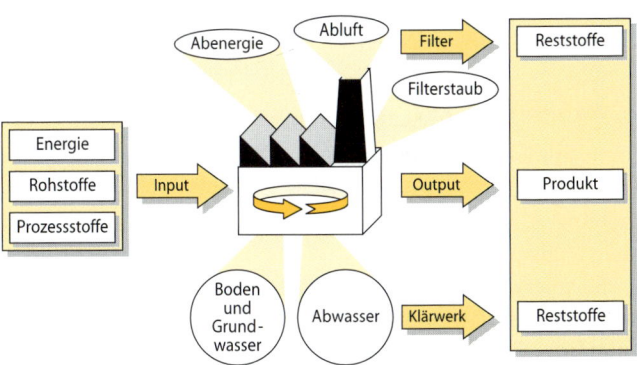

Bild 18: *Umweltmanagement: Stoff- und Energiebilanzen*

Ebenfalls ist durch ein systematisches Asset Management sicherzustellen, dass die Unternehmensressourcen effektiv eingesetzt werden. Ein institutionalisiertes Facility Management hilft dabei, Gebäude und Grundstücksverwaltung optimal zu gestalten und trägt so ebenfalls zum verbesserten Ressourceneinsatz bei.

4d   Management von Technologie

WORUM GEHT ES?

Unter Management von Technologie ist die Systematik zu verstehen, nach der das Unternehmen grundlegende Technologien entwickelt, schützt und erneuert. Dazu gehören auch die Identifizierung und der Einsatz neuer Technologien. Notwendig sind die Darlegung der Nutzung von bestehenden Technologien und deren Einsatz zur Verbesserung von Prozessen und Unterstützung der Mitarbeiter. Weiterhin ist unter diesem Punkt auch der Schutz von geistigem Eigentum und Patenten zu verstehen.

WAS BRINGT ES?

Technologien, die konform der Politik und Strategie des Unternehmens eingesetzt werden, können erhebliche Vereinfachungen in Bezug auf die Erreichung der Unternehmensziele bringen.

Beispielsweise kann der Einsatz modernster Technologie ebenso die Zufriedenheit der Mitarbeiter erhöhen wie auch zerstören. Letzteres ist z. B. der Fall, wenn die Mitarbeiter von der Technologie überfordert werden.

Ebenso muss die Anwendung innovativer Technologie in den Produkten stark an den Anforderungen des Kunden orientiert werden. Ein gezielter und erwünschter Einsatz erhöht die Kundenzufriedenheit und kann im positivsten Fall zu Umsatzsteigerungen führen.

Der gezielte Einsatz von Technologie in den Prozessen der Wertschöpfung kann zur Rationalisierung der Prozesse beitragen und damit über die Kosten positiv auf das Geschäftsergebnis durchschlagen.

WIE GEHE ICH VOR?

Es muss eine Systematik erarbeitet werden, nach der neue und alternative Technologien identifiziert und bewertet werden.

Beispielsweise seien hier die Informations- und Kommunikationstechnologie erwähnt, durch deren systematische Anwendung ganze Vertriebsorganisationen umgebaut werden können. Der Einsatz von E-Business ermöglicht so z. B. eine vollständige Neugestaltung der Vertriebskette. Einzelne Marktteilnehmer wie z. B. Händler entfallen teilweise und werden durch Internet-Lösungen ersetzt.

Auch für die Produktentwicklung müssen neueste Technologien eingesetzt werden. Hier ist jedoch zu beachten, dass das Ausschöpfen aller technischen Möglichkeiten über ein kreatives „Happy Engineering" in kundenorientierte Lösungen von Problemen überführt werden muss.

Rank Xerox

Potenzielle Technologien werden bewertet bezüglich:
- Kritischer Designparameter
- Fehlermöglichkeiten (Bereiche, innerhalb derer die Technologie nicht funktioniert)

- Designspielräume (Umfang der zulässigen Variabilität)
- Produzierbarkeit
- Demonstration der Leistungsfähigkeit (Haben wir gesehen, dass es funktioniert?)

4e Management von Information und Wissen

WORUM GEHT ES?

Die Anforderungen an das Informations- und Wissensmanagement im Unternehmen sind vielfältiger Art. Informations- und Wissenssysteme sollen ein Abbild des gesamten Unternehmens darstellen können. Die Informationen und Wissen müssen aktuell, sicher, umfassend und jederzeit verfügbar sein. Um diesen Anforderungen gerecht zu werden, muss im Unternehmen ein klar strukturiertes Informations- und Datenverarbeitungskonzept bestehen, das auch die Politik und Strategie des Unternehmens unterstützt.

WAS BRINGT ES?

Ein Informationskonzept, das konform zur Politik und Strategie ist, kann gezielt die Informationen bereitstellen, die für den Prozess der Zielerreichung benötigt werden. Vor allem kunden- und prozessbezogene Daten müssen bereitgestellt werden. In bisherigen funktional ausgerichteten Konzepten wurden diese häufig nur wenig berücksichtigt. Ohne ein geeignetes Informationskonzept ist eine Kommunikation und Information der Mitarbeiter nur schwer sicherzustellen.

Die systematische Erfassung von Daten und deren gezielte Aufbereitung zu Informationen ermöglicht dagegen ein faktenbasiertes, transparentes Handeln. Sie bildet oft die notwendige Voraussetzung für eine nachvollziehbare Arbeit. Viele Mitarbeiter können ihren Job aufgrund mangelhafter Informationen nicht ordnungsgemäß erbringen, da ihnen oft die Entscheidungsgrundlage fehlt und die Informationsbeschaffung erschwert wird.

WIE GEHE ICH VOR?

Die Systematik von Datenerfassung, Aufbereitung und Bereitstellung muss aus den Anforderungen der Politik und Strategie abgeleitet werden. Folgende Aspekte sollten berücksichtigt werden:

▶ Bereitstellung von Daten zum Zufriedenheitsgrad interner und externer Kunden
▶ Aufbau von Informationskanälen zu Kunden und Lieferanten
▶ Aufbau einer Systematik des physischen Dokumentenflusses
▶ Zugriff der Mitarbeiter auf alle relevanten Informationen
▶ Ermittlung von Prozessdaten auf allen Ebenen
▶ Einsatz von wissensbasierten Systemen

Kriterium 5: Prozesse

Prozesse stehen in einem TQM-geführten Unternehmen im Mittelpunkt und wirken als Katalysator zwischen Input und Output.

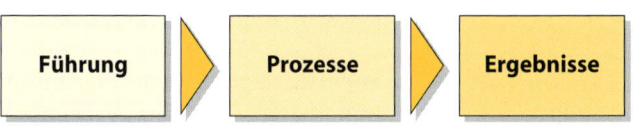

Bild 19: *Prozesse*

Mit 14 % aller erreichbaren Punkte werden die Prozesse unter den Befähigern am stärksten gewichtet. Betrachtet wird der grundsätzliche Umgang mit Prozessen sowie das Management aller wertschöpfenden Geschäftsprozesse im Unternehmen.

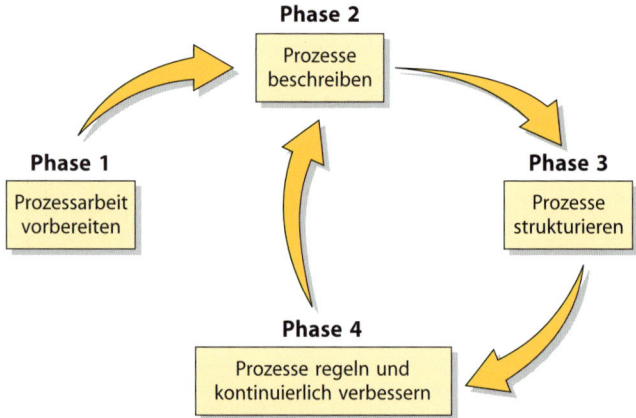

Bild 20: *Prozessmanagement*

Im Vordergrund stehen Maßnahmen zur kontinuierlichen Identifikation, Führung und Regelung der kundenorientierten Geschäftsprozesse sowie zur Umsetzung von Kreativität und Innovationen. Der Einsatz geeigneter Instrumente des Controllings sollte eine Bewertung des Nutzens von Prozessveränderungen ermöglichen.

Das Kriterium Prozesse wird anhand der folgenden Unterkriterien betrachtet:

5a Prozesse werden systematisch gestaltet und gemanagt.

5b Prozesse werden, wenn nötig, verbessert, wobei Innovation eingesetzt wird, um Kunden und andere Interessengruppen vollumfänglich zufrieden zu stellen und die Wertschöpfung für diese zu steigern.

5c Produkte und Dienstleistungen werden anhand der Bedürfnisse und Erwartungen der Kunden entworfen und entwickelt.

5d Produkte und Dienstleistungen werden hergestellt, geliefert und gewartet.

5e Kundenbeziehungen werden gemanagt und vertieft.

5a   Gestaltung und Management der Prozesse

WORUM GEHT ES?

Das Management von Prozessen umfasst Maßnahmen zur Festlegung der Zuständigkeiten und Leistungsnormen. Es werden an dieser Stelle Instrumente zur Festlegung und Überwachung von Leistungsmessgrößen betrachtet. Bewertet wird u. a. die Anwendung von Systemnormen wie z. B. DIN EN ISO 9000 ff. und QS 9000.

WAS BRINGT ES?

Ein systematisches Prozessmanagement anhand von Leistungskennzahlen ist die Basis für eine kontinuierliche Verbesserung. Schon bei der Dokumentation des Ist-Zustandes werden Unstimmigkeiten, Doppelungen und Lücken sichtbar. Die Festlegung von Leistungskennzahlen hilft sowohl dem Prozesseigner bei der Einschätzung eines sinnvollen Arbeitsaufwandes als auch der Führungskraft bei der Überwachung der Zielerreichung und der Abstimmung der Prozesse.

Eine umfassende Dokumentation der qualitätsrelevanten Prozesse ist zudem eine Voraussetzung für den Aufbau eines normativen QM-Systems. Es kann u. U. dazu beitragen, z. B. als bevorzugter Lieferant ausgewählt zu werden.

WIE GEHE ICH VOR?

Zunächst erfolgt die Festlegung von Prozesseignern, -teams und anderen aufbauorganisatorischen Strukturen anhand von Stellenbeschreibungen, Verantwortungsmatrizen und Organigrammen.

Das Management der Prozesse erfolgt anhand der konsequenten Anwendung des PDCA-Zyklus durch die Prozesseigner und bildet somit die Basis für Prozessverbesserungen.

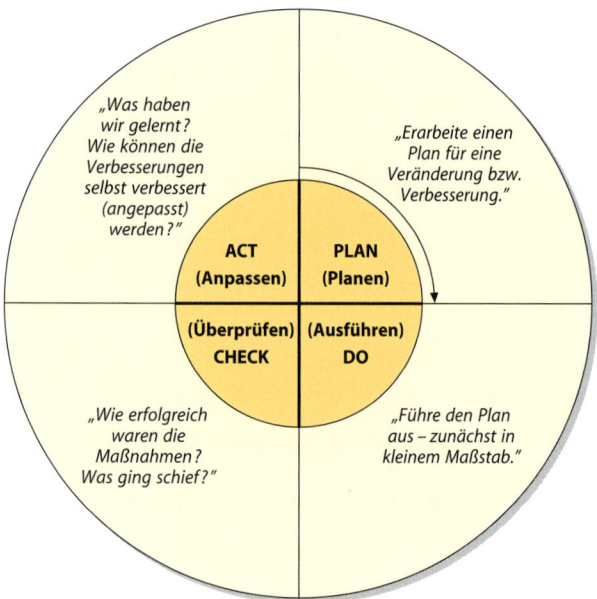

Bild 21: *Der Plan-Do-Check-Act-Zyklus zur ständigen Verbesserung*

Zum systematischen Management der Prozesse werden unterschiedlichste Instrumente und Methoden eingesetzt. Beispielsweise können mit Hilfe der Prozess-FMEA kritische Faktoren identifiziert werden. Für diese Faktoren werden dann in einem weiteren Schritt Kennzahlen definiert und Maßnahmen bestimmt.

Weitere Werkzeuge, mit deren Hilfe jeder Mitarbeiter in die Lage versetzt werden kann, seine Prozesse systematisch zu führen, sind z. B.:

▶ Statistische Prozessregelung (SPC)
▶ Verfahrensanweisungen
▶ Interne Audits, Management-Reviews
▶ Umweltbetriebsprüfungen
▶ Selbstbewertungen
▶ EDV-Systeme (CAX, PPS, …)
▶ Ablaufdiagramme

Das aufgebaute Prozessmanagement sollte dokumentiert werden. Anstatt eines herkömmlichen Handbuchs bietet sich die Gliederung der Aktivitäten entsprechend des Excellence-Modells der EFQM an. Die Dokumentation kann als Fortschreibung einer EQA-Bewerbungsbroschüre gestaltet werden.

Bombardier Transportation

Bombardier Transportation dokumentiert ihr Managementsystem in einem konzernübergreifenden Handbuch, das nach den Kriterien der EFQM gegliedert ist. In diesem Handbuch werden alle systembildenden Elemente, Verfahren und Zuständigkeiten dargelegt.

5b   Systematische Verbesserung der Prozesse

WORUM GEHT ES?

Die Forderung nach ständiger Verbesserung verlangt eine regelmäßige Beurteilung der Prozesse und das Setzen von Verbesserungszielen. Dazu müssen Informationen von Kunden, Lieferanten und Wettbewerbern herangezogen werden. Bei der Prozessverbesserung werden Innovationen systematisch eingesetzt. Weiterhin sollte der Nutzen der Verbesserungsmaßnahmen quantifiziert werden.

WAS BRINGT ES?

Der hohe Wettbewerbs- und Kostendruck erfordert eine nachhaltige Verbesserung der Rentabilität aller Prozesse des Unternehmens. Durch die Strategie der präventiven Vermeidung von potenziellen Verlusten kann das Unternehmen durch die Eliminierung bisher verborgener Kosten Verbesserungspotenziale erschließen. Die Verwendung aktueller Informationen über die Erwartungen der am Prozess beteiligten Partner beugt Blindleistung vor und verhindert Fehlleistung.

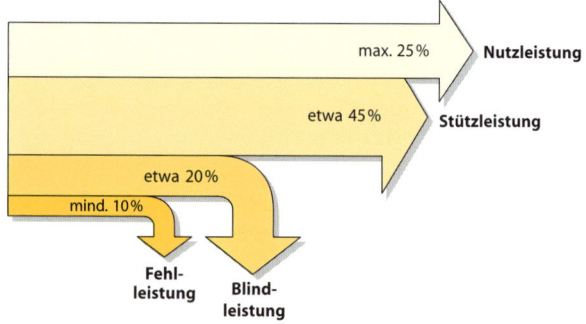

Bild 22: *Verteilung der Leistungsarten im Unternehmen*

WIE GEHE ICH VOR?

In die Bewertung und Verbesserung der Prozesse müssen Informationen aus allen Interessengruppen einfließen. Hierzu ist der Einsatz eines TQM-gerechten Controllingsystems anzustreben (siehe Pocket Power TQM-Controlling). Im Gegensatz zu traditionellen Kennzahlensystemen umfassen moderne Controllingansätze neben ökonomischen Sachverhalten auch Daten über Kunden, Lieferanten, Wettbewerber und Mitarbeiter, so dass hier ein ganzheitlicher Ansatz zum Tragen kommt.

Eine geeignete Methode, um alle relevanten Informationen für die Prozessverbesserung aufzunehmen, stellt die Balanced Scorecard dar (siehe Pocket Power TQM Scorecard). Für jeden Prozesseigner werden in der Scorecard die relevanten Ziele mit operationalisierten Messgrößen hinterlegt und gewichtet. Die Zielbildung und Ergebnismessung erfolgt dann ebenfalls anhand der Scorecard-Bewertung.

DaimlerChrysler

Bei DaimlerChrysler wird die Scorecard sowohl für interne als auch für externe Bewertungen eingesetzt. So werden z. B. Lieferanten anhand einer Scorecard umfassend in ihrer Leistung beurteilt.

5c   Entstehung von Produkten und Dienstleistungen

WORUM GEHT ES?

Bei der Entwicklung von Produkten oder Dienstleistungen ist es unerlässlich, die Kundenanforderung systematisch zu ermitteln und einfließen zu lassen. Neben den vom Kunden konkret geforderten Eigenschaften muss durch Kreativität und Innovation Kundenbegeisterung erreicht werden.

WAS BRINGT ES?

Kundengerechte Produkte sind die Grundlage für den langfristigen Geschäftserfolg. Da sich die Anforderungen an Produkte und Dienstleistungen aus einem dynamischen Umfeld ergeben, kommt es im Laufe der Zeit zu Veränderungen. Ein Werteverfall lässt über die Zeit aus begeisternden Merkmalen notwendige Basisanforderungen werden (Farbfernsehen, Airbags u. Ä.).

WIE GEHE ICH VOR?

Anforderungen an die Produkte und Dienstleistungen müssen mit Hilfe eines systematischen Prozesses aufgenommen werden. Die Anforderungen des Markets (Market Pull) und die technischen Innovationen (Technology Push) werden durch den „Customer Input Process" verzahnt und können dann z. B. mit Hilfe des Quality Function Deployment (QFD, siehe Pocket Power Qualitätstechniken) in konkrete Designanforderungen heruntergebrochen werden.

Bei der Aufnahme von Kundenanforderungen müssen möglichst viele faktenbasierte Grundlagen herangezogen werden. Hierzu gehören neben Marktforschungen und Kundenumfragen auch Ergebnisse aus Fokusgruppen.

Projektfreigabe

1. Projektplanung

2. Planung der Marktforschung

3. Qualitative Marktforschung

Aufnehmen der Kundenanforderungen
Filtern der Kundenanforderungen
Erweitern der Kundenanforderungen
Reduzieren der Kundenanforderungen
Strukturieren der Kundenanforderungen

4. Quantitative Marktforschung

House of Quality

Bild 23: *Customer Input Process*

TNT

Der britische Marktführer für Expresslieferungen versucht ständig, durch neue Produkte die Kundenzufriedenheit zu erhöhen. So wurde z. B. die 24-Stunden-Lieferung erweitert zur Lieferung am gleichen Tag.

5d Erstellung und Betreuung von Produkten und Dienstleistungen

WORUM GEHT ES?

Nach dem Design und der Entwicklung der Produkte und Dienstleistungen ist der Bereich der Herstellung und Betreuung ein weiterer Erfolgsfaktor für ein exzellentes Unternehmen.

In diesem Teilkriterium werden Produktion, Distribution und Service von Produkten und Dienstleistungen bewertet.

WAS BRINGT ES?

Die Herstellung von Produkten oder Dienstleistungen ist ein kritischer Prozess, da hier die Ideen aus der Entwicklungsphase in konkrete Dinge umgesetzt werden, die der Kunde beurteilen kann. Die vom Kunden wahrgenommene Produkt- bzw. Dienstleistungsqualität entsteht in diesen Prozessen.

Eine kontinuierliche Betreuung der Produkte und Dienstleistungen über den Lebenszyklus ist ebenfalls entscheidend, da hier wertvolle Erfahrungen beim Feldeinsatz gewonnen werden können.

WIE GEHE ICH VOR?

Schlüsselprozesse, wie z. B. Produktion, Beschaffung oder Distribution, haben i. d. R. eine enge Verknüpfung mit Partnern des Unternehmens (siehe Kriterium 4). Eine enge Einbindung der Lieferanten über die Wertschöpfungskette führt zur Optimierung der Gesamtkosten von Produkten und Dienstleistungen.

Die wesentliche Aufgabe besteht für die exzellenten Unternehmen jedoch darin, sich auf ihre Kernkompetenzen zu konzentrieren und diese zu optimieren. In diesem Kriterium ist die Anwendung von geeigneten Methoden zur Prozessverbesserung nachzuweisen. Hierzu kann z. B. die Fertigungsoptimierung mit Hilfe eines ERP-Systems oder die Anwendung von KANBAN und Just-in-Time gehören.

5e   Management von Kundenbeziehungen

WORUM GEHT ES?

Management von Kundenbeziehungen (Customer Relationship Management) berücksichtigt speziell die Interaktion mit den Kunden. Hierzu gehören alle direkten Kundenkontakte, Behandlung von Beschwerden und das Ermitteln eines regelmäßigen Feedbacks.

WAS BRINGT ES?

Eine konsequente und unternehmensweite Umsetzung des Kundenmanagements verschafft langfristige Wettbewerbsvorteile (siehe Pocket Power Management von Kundenbeziehungen). Eine partnerschaftliche Zusammenarbeit mit dem Kunden führt zu anhaltender Bindung und ermöglicht die frühzeitige Aufnahme neuer Anforderungen.

WIE GEHE ICH VOR?

Für ein erfolgreiches Kundenmanagement müssen die direkten Kundenkontakte effizient gestaltet werden. Hierzu ist u. a. eine umfangreiche Schulung der Mitarbeiter notwendig. Persönlicher, schriftlicher oder telefonischer Kontakt mit Kunden sowie das Verhalten in Problemsituationen müssen den Mitarbeitern vermittelt werden. Regeln für eine erfolgreiche Gesprächsführung sind dabei zu beachten (siehe Pocket Power Kommunikationstechniken).

Darüber hinaus muss auch die Organisation kundenorientiert aufgebaut sein. Dazu gehören z. B. die Einrichtung von Key Accounts, der Aufbau von Call Centern sowie ein umfassender Kundendienst.

Die Wirksamkeit des Kundenmanagements muss ständig überprüft werden. Dazu gehört neben der Durchführung von direkten Befragungen auch der Aufbau eines Beschwerdemanagements.

Kriterium 6: Kundenbezogene Ergebnisse

Dieses Kriterium befasst sich mit der Leistung des Unternehmens bezüglich der Erfüllung der Anforderungen seiner externen Kunden. Es wird betrachtet, wie die Leistungen des Unternehmens vom Kunden bewertet werden. Darüber hinaus werden zusätzliche Messgrößen verlangt, die dem Unternehmen Aufschluss über die Zufriedenheit der Kunden geben können.

6a Messergebnisse aus Sicht der Kunden
6b Leistungsindikatoren

6a   Messergebnisse aus Sicht der Kunden

WORUM GEHT ES?

Das Streben nach Kundenzufriedenheit hat in einem exzellenten Unternehmen höchste Priorität. Um ein möglichst aussagefähiges Bild zu erhalten, wie die Kunden die Qualität der Produkte und Dienstleistungen des Unternehmens einschätzen, ist die Analyse der Kundenzufriedenheit unverzichtbar. Ein solches Abbild der realen Verhältnisse dient dem Prozess der Zielerreichung.

WAS BRINGT ES?

Die Kenntnisse über Forderungen, Erwartungen und Wünsche von Kunden gewährleisten, dass nicht am Markt vorbei entwickelt und gefertigt wird. Nur eine detaillierte Erfassung und Analyse der Kundenzufriedenheit bietet eine Basis zur ständigen Verbesserung. Notwendig ist eine Rückmeldung durch den Kunden, ob die Erzeugnisse oder Dienstleistungen Zufriedenheit oder gar Begeisterung hervorgerufen haben. Die aufgenommenen Daten und Kennzahlen bilden den Ausgangspunkt für Verbesserungsprojekte.

WIE GEHE ICH VOR?

Um ein möglichst objektives Bild der Kundenzufriedenheit zu erhalten, sollten verschiedene Erhebungsverfahren und unterschiedliche methodische Ansätze gleichzeitig Anwendung finden. Zur Darstellung der Entwicklung der Kundenzufriedenheit und im Sinne der kontinuierlichen Verbesserung müssen die Erhebungen regelmäßig stattfinden. Weiterhin bietet sich besonders bei Neuentwicklungen die Zusammenarbeit mit ausgewählten Testkunden an. Neben der direkten Datengewinnung können auch indirekte Indikatoren der Kundenzufriedenheit genutzt werden.

Es müssen sowohl die Systematik als auch die tatsächlichen Ergebnisse der Zielerreichung dargestellt werden. Hierbei ist eine geeignete Aufteilung der Kundengruppen (z. B. nach Regionen oder Produkten) sinnvoll, um die Aussagekraft zu vergrößern.

6b   Leistungsindikatoren

WORUM GEHT ES?

Die Messung der Kundenzufriedenheit erfolgt über die Aufnahme von Leistungsindikatoren. Sie können als Indikatoren für einen ständigen Verbesserungsprozess herangezogen werden. Welche Indikatoren auszuwählen sind, ist von der Branche und der Zielstellung des Unternehmens abhängig.

WAS BRINGT ES?

Die Aufnahme und Verarbeitung dieser Messgrößen ist notwendig, um neben periodisch durchgeführten Kundenbefragungen kontinuierlich erhobene Daten als Regelgrößen verwenden zu können. Ein in sich abgestimmtes Erhebungssystem mit unterschiedlichen Quellen ist Datenbasis für ein „Management by Facts". Diese Art von Daten haben den Vorteil, dass die Erhebung und Aufbereitung in der Regel ohne großen Aufwand möglich ist, da der kostenintensive Teil der direkten Befragung entfällt.

WIE GEHE ICH VOR?

Daten, die in Prozessen mit Kundenkontakt indirekt anfallen, können gute Indikatoren für die Kundenzufriedenheit sein. Die EFQM nennt als Ansatzpunkte z. B. folgende:

- Anteil an Stammkunden
- Kundenzu- und -abgänge
- Ausfall-, Fehler- und Rückweisraten
- Termingerechte Auslieferung
- Beschwerdenbearbeitung

▶ Eingegangene Dankes- und Anerkennungsschreiben
▶ Erhaltene Auszeichnungen und Preise

Kriterium 7: Mitarbeiterbezogene Ergebnisse

Das Kriterium „Mitarbeiterbezogene Ergebnisse" betrachtet direkte und indirekte Messgrößen, um die Leistungen des Unternehmens im Hinblick auf die Zufriedenheit der Mitarbeiter zu beurteilen und die Ergebnisse für den Prozess der ständigen Verbesserung zu verwenden.

7a Messergebnisse aus Sicht der Mitarbeiter
7b Leistungsindikatoren

7a   Messergebnisse aus Sicht der Mitarbeiter

WORUM GEHT ES?

Zufriedenheit entsteht durch eine Vielzahl von Einflussfaktoren. In einem Unternehmen stellt die Arbeitszufriedenheit eine wesentliche Größe dar.

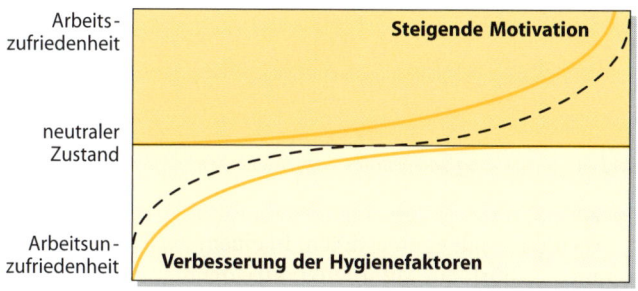

Bild 24: *Arbeitszufriedenheit nach Herzberg*

Neben diesen eher aus der Arbeit ableitbaren Faktoren existieren diverse Einflussgrößen, die von außen auf den Mitarbeiter einwirken. Aus all diesen Faktoren ergeben sich gewisse Erwartungen und Bedürfnisse der Mitarbeiter an ihre Arbeit und an das Unternehmen.

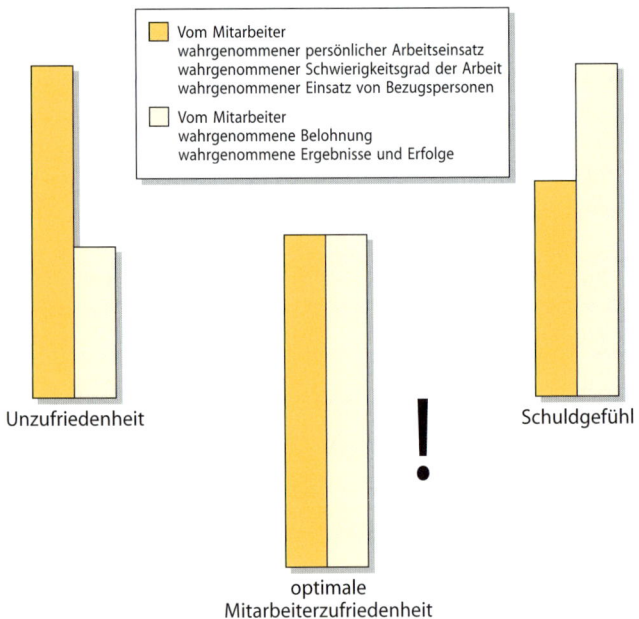

Bild 25: *Entstehung von Mitarbeiterzufriedenheit*

Auch diese gilt es zu erfüllen. In einem exzellenten Unternehmen gehört die Mitarbeiterzufriedenheit zu den wichtigsten Führungsgrößen. Sie ergibt sich aus dem Abgleich zwischen dem subjektiv wahrgenommenen Einsatz für das

Unternehmen und dem vom Mitarbeiter wahrgenommenen Betriebsklima in seiner weitesten Bedeutung.

Mitarbeiterunzufriedenheit kann unterschiedlichste Ursachen haben. Entscheidend ist die Wahrnehmung des Mitarbeiters. Viele Mitarbeiter können weder ihre eigene Arbeitsleistung noch den empfangenen Lohn objektiv bewerten. Dies liegt nicht an der fehlenden Kompetenz ihrerseits, sondern z. B. an

▶ unvollständigen Informationen über die Erwartungen des Unternehmens an seine Mitarbeiter (Zielvereinbarungen),

▶ fehlenden Rückmeldungen,

▶ unzureichend kommunizierter, nicht monetärer Anerkennung.

WAS BRINGT ES?

Die systematische Ermittlung und Aufbereitung von Informationen über Mitarbeiterzufriedenheit sind die Voraussetzung für alle Planungsprozesse und strategischen Entscheidungen im Unternehmen. Durch die Beschreibung des Ist-Zustandes im Unternehmen lassen sich Schwachstellen und Potenziale aufzeigen.

Durch die Ermittlung der subjektiven Einschätzungen der Mitarbeiter werden zum Teil sehr deutliche Abweichungen zwischen der vom Unternehmen erwarteten und der vom Unternehmen erbrachten Leistung deutlich. Je detaillierter die Erfassung derartiger Daten ist, umso gezielter kann das Unternehmen reagieren und die Ursachen für derartige Abweichungen abstellen.

WIE GEHE ICH VOR?

Grundsätzlich muss zwischen der direkten und der indirekten Datengewinnung in Bezug auf die Mitarbeiterzufriedenheit unterschieden werden. Die direkte Datengewinnung geschieht meist durch Umfragen unter den Mitarbeitern. Darüber hinaus gibt es auch Diskussionsgruppen und regelmäßige Beurteilungsgespräche zur Ermittlung der Mitarbeiterzufriedenheit. Die Mitarbeiterbefragung ist ein Instrument der zeitgemäßen Unternehmensführung. Mit diesem Instrument werden Hinweise auf betriebliche Stärken und Schwächen erlangt, deren Ursachen im Dialog zwischen Mitarbeitern und Führungskräften zu klären sind. Aus den Ergebnissen sollten umgehend konkrete Veränderungsprozesse abgeleitet werden.

Bei der Messung der Mitarbeiterzufriedenheit wird auf drei grundlegende Verfahren zurückgegriffen:

▶ Befragung
   (Schwerpunktmäßig nicht quantifizierbare Daten – subjektive Meinung des Arbeitnehmers spielt eine große Rolle)
▶ Beobachtung
   (Subjektive Begutachtung betrieblicher Abläufe mit dem Ziel, Erkenntnisse über Schwachstellen zu ermitteln – z. B. Zeitmessverfahren)
▶ Dokumentenanalyse
   (Analyse mitarbeiterrelevanter Daten – z. B. Krankenstand, Absentismus, Fluktuation, …)

In der Praxis werden diese Verfahren auch häufig miteinander kombiniert. Mitarbeiterbefragungen sollten nach folgenden Regeln durchgeführt werden:

▶ im Auftrag der Geschäftsleitung,
▶ in Zusammenarbeit mit dem Betriebsrat,
▶ unter Einsatz von Fragebögen oder Mitarbeitergesprächen,
▶ anonym bzw. auf freiwilliger Basis,
▶ unter Beteiligung des gesamten Betriebes, einer repräsentativen Stichprobe oder einer bestimmten Zielgruppe,
▶ unter Beachtung methodischer, organisatorischer und rechtlicher Rahmenbedingungen.

Die Mitarbeiterbefragung gibt Aufschluss über Einstellungen, Erwartungen und Bedürfnisse der Mitarbeiter in Bezug auf die Arbeitswelt und Umwelt.

Eine direkte Befragung der Mitarbeiter birgt allerdings auch die Gefahr, dass durch die Umfrage bei den Mitarbeitern Erwartungen geweckt werden. Werden diese enttäuscht, führt dies zu Demotivation und Frustration. In einem solchen Fall wäre der Verzicht auf eine derartige Umfrage günstiger gewesen.

Beko

Das türkische Unternehmen hat es geschafft, innerhalb kurzer Zeit die Nummer zwei im Gebrauchtgütermarkt zu werden. Dies wird u. a. durch eine intensive Einbindung der Mitarbeiter erreicht. Die Mitarbeiterloyalität liegt bei über 95 %.

7b   Leistungsindikatoren

WORUM GEHT ES?

Im Unternehmen müssen neben den vom Mitarbeiter direkt abgefragten Größen weitere Messgrößen systematisch erfasst und ausgewertet werden. Es handelt sich überwiegend um Kennzahlen, die einen Rückschluss auf die Mitarbeiterzufriedenheit zulassen. Die verwendeten Größen sollten eine objektivere Einschätzung der Situation ermöglichen und mit einem zu 7a vergleichbar geringen Zusatzaufwand zu ermitteln sein.

WAS BRINGT ES?

Wie auch schon in Bezug auf die Kundenzufriedenheit erwähnt, bildet ein umfassendes System an Indikatoren für die Mitarbeiterzufriedenheit eine solide Basis für ein „Management by Facts".

WIE GEHE ICH VOR?

Indirekte Messgrößen können oftmals schon aus einer Dokumentenanalyse, dem betrieblichen Rechnungswesen oder der Personalstatistik gewonnen werden. Neben den in 7a aufgeführten Faktoren könnten beispielsweise auch Informationen über

- das Schulungs- und Weiterbildungsniveau,
- die Arbeitsunfallhäufigkeit,
- die Personalfluktuation und Einstellungstrends,
- die Inanspruchnahme betrieblicher Einrichtungen,
- die Teilnahme an Verbesserungsteams und die messbaren Leistungen von Teamarbeit

als Ansatzpunkte herangezogen werden.

In Gruppendiskussionen und Qualitätszirkeln können die Mitarbeiter auch selbst an der Entwicklung und Auswahl solcher Kenngrößen teilhaben.

Kriterium 8: Gesellschaftsbezogene Ergebnisse

Im Gegensatz zu japanischen oder amerikanischen Qualitätspreisen beinhaltet das Excellence-Modell explizit die Kategorie Gesellschaft. In diesem Kriterium wird beurteilt, inwieweit das Unternehmen die Bedürfnisse und Erwartungen der Öffentlichkeit erfüllt.

Die EFQM unterscheidet folgende Unterpunkte:

8a Messergebnisse aus Sicht der Gesellschaft

8b Leistungsindikatoren

8a   Messergebnisse aus Sicht der Gesellschaft

WORUM GEHT ES?

Auch die Öffentlichkeit hat bestimmte Erwartungen an ein Unternehmen. Sie beurteilt das Unternehmen in Bezug auf seine Einstellung zur Lebensqualität, zur Sozialverantwortung und zur Umwelt. Die Erfüllung derartiger Erwartungen sollte an dieser Stelle aufgezeigt werden.

Es muss dargelegt werden, welche Einschätzung die Öffentlichkeit von der Leistung des Unternehmens hinsichtlich der folgenden Aspekte hat:

▶ Sozialverantwortung (z. B. Ausbildungsplätze, Sport- und Freizeitaktivitäten oder Gesundheits- und Wohlfahrtseinrichtungen)

▶ Erhaltung der globalen Ressourcen (z. B. Energieeinsparung, Recyclingaktivitäten oder Abfallverminderung)
▶ Umweltschutz, Vermeidung von Lärm oder Gesundheitsrisiken

WAS BRINGT ES?

Erfüllt ein Unternehmen diese Anforderungen, so kann es sich der Akzeptanz und Unterstützung der Gesellschaft gewiss sein. Hierbei handelt es sich in erster Linie um indirekte Auswirkungen, die allgemein mit einem positiven Image verbunden werden. Solche Auswirkungen zeigen sich beispielsweise in einem besseren Arbeitskräfteangebot, guten Beziehungen zu Gewerkschaft und Berufsgenossenschaft wie auch einer bevorzugten Auswahl als Lieferant oder Kunde. Weiterhin sind bei einem positiven Image gute politische Kontakte und eine bessere Zusammenarbeit mit Behörden zu erwarten.

Der gute Ruf eines Unternehmens entscheidet, welches Produkt ein Kunde wählt, welche Waren ein Händler ordert oder welche Aktien ein Anleger kauft. Dies ergab eine Untersuchung des Manager Magazins. Firmen mit hohem Ansehen sind demzufolge nachweislich erfolgreicher am Markt.

Quelle: Manager Magazin: Erfolg durch Image, Juni 1996, S. 50.

WIE GEHE ICH VOR?

Eine hohe gesellschaftliche Anerkennung kann ein Unternehmen beispielsweise erreichen, indem es einen positiven Beitrag zum örtlichen Beschäftigungsniveau sowie der lokalen Wirtschaft leistet.

AT & T Consumer Communications Service (CCS)

Wenn durch Produktivitätsverbesserungen Arbeitskräfte eingespart werden, bietet AT & T seinen betroffenen Mitarbeitern Umschulungen (neue Fertigkeiten, Fremdsprachen, vorbereitende Tätigkeiten) an, bis sie entweder innerhalb oder außerhalb des Unternehmens eine neue Beschäftigung gefunden haben. Zusätzlich wurde ein „Übergangs-Center" eingerichtet mit der Aufgabe, Fragen zum Mitarbeiter-Management zu beantworten und Informationsmaterialien für die Belange der Mitarbeiter auszuarbeiten.

Weiterhin unterliegen die Aktivitäten von Unternehmen in Bezug auf die Unterstützung und den Erhalt der globalen Ressourcen dem Fokus der Öffentlichkeit.

Rank Xerox

Thema Recycling – 200.000 Maschinen werden pro Jahr aufbereitet, brauchbare Teile in den Produktionsprozess übernommen und weniger als 1,5 % zu Abfall erklärt.

Insbesondere bei Unternehmen, die als potenzielle Schädiger der Umwelt betrachtet werden, achtet die Öffentlichkeit auf die Verhinderung und Verminderung von Belästigungen und Schäden für die Nachbarn infolge der Betriebstätigkeit.

Eastman Chemical

Im Zusammenhang mit seinen engen Kundenbindungen ist Eastman stolz auf seine Verbindungen zur Öffentlichkeit und hat dem Umweltschutz höchste Priorität zugeschrieben. Eastman half, die „Responsible Care"-Prinzipien der Vereinigung der Chemieproduzenten zu entwickeln und richtet sich nach ihnen. Sie fordern von den Mitgliedern Verantwortung für die öffentliche Gesundheit, Sicherheit und den Schutz der Umwelt in allen Aktivitäten. Weiterhin hat Eastman in jeder Fabrik eine Beratungsgruppe für Bürger eingerichtet, um gesellschaftliche Belange zu diskutieren, sowie eine 24-Stunden-Hotline zur Äußerung von Sorgen und Problemen.

Zuletzt erwähnt sei ein aktives Engagement für die Gesellschaft, um in der Öffentlichkeit ein gutes Image zu erzielen.

NTT Data

NTT Data zeigt seine gesellschaftliche Verantwortung in vier Bereichen: Spenden, freiwillige Programme, Förderung von Kunst und Wissenschaft und Schutz der Umwelt. Beispiele der Beiträge umfassen auch die jährliche unternehmensweite Spendenaktion für UNICEF und die regelmäßigen „environmental clean-up events".

8b   Leistungsindikatoren

WORUM GEHT ES?

Neben dem direkt ermittelten Feedback aus der Öffentlichkeit gibt es auch im Unternehmen Möglichkeiten für interne Messungen. Solche zusätzlichen Messgrößen lassen sich in diversen Bereichen ermitteln und entsprechend auch analysieren.

WAS BRINGT ES?

Mit der Verbreiterung der Datenbasis durch direkt messbare Größen erhält das Unternehmen gute Indikatoren, mit denen man eine objektive Verbesserung des Images feststellen kann.

WIE GEHE ICH VOR?

Analog zur Zertifizierung des Qualitätsmanagement-Systems kann ein Umweltmanagement-System entsprechend der Umweltbetriebsprüfung validiert werden. Ein Instrument darin ist die Öko-Bilanz, mit der alle Input- und Outputströme des Unternehmens anhand der Stoffe und Energieströme erfasst werden.

Kunert

Das Unternehmen erfasste als Textilstoffhersteller als erstes deutsches Unternehmen seine Ströme in einer Öko-Bilanz. Im vierten Jahr nach Einführung ergaben sich Einsparungen in Millionenhöhe und man hat damit die Basis für die Implementierung eines Umweltmanagement-Systems erreicht. In diesem werden u. a. Ergebnisse analysiert und Konsequenzen und Ziele abgeleitet.

Weiterhin kann die interne Messung folgender Aspekte Informationen liefern:

▶ Auswirkungen auf das örtliche Beschäftigungsniveau und die lokale Wirtschaft
▶ Aktives Engagement für die Gesellschaft

▷ Maßnahmen zur Unterstützung und Erhaltung der globalen Ressourcen
▷ Bemühungen des Unternehmens zur Verminderung von Belästigungen und Schäden für die Nachbarn infolge der Betriebstätigkeit

Indikatoren hierfür könnten sein:

▷ Anzahl der Entlassungen bzw. Einstellungen,
▷ Höhe der Arbeitslosigkeit in der Region,
▷ Anteil der Beschäftigten des Unternehmens an der Anzahl der Beschäftigten in der Region,
▷ Auszeichnungen und Preise,
▷ Anzahl der Verstöße gegen Normen,
▷ Beschwerden,
▷ sicherheitsbezogene Vorfälle,
▷ Presseberichte,
▷ Nachfrage nach Pressekonferenzen,
▷ Berichte externer Inspektoren und Kontrolleure.

Kriterium 9: Schlüsselergebnisse

Schlüsselergebnisse sind vor allem die Geschäftsergebnisse, die letztendlich Aufschluss über die Güte der im Unternehmen ablaufenden Prozesse geben. In der Regel sind Unternehmen aufgrund ihrer Publikumswirksamkeit schon gesetzlich verpflichtet, einmal jährlich Auskunft über den Erfolg ihrer geschäftlichen Tätigkeiten zu geben. Die Unternehmen veröffentlichen diese Informationen in Form von Geschäftsberichten. Die Geschäftsberichte stellen eine hervorragende Basis für dieses Kriterium dar. Aufgrund der Publikationspflicht werden dort jedoch nur sehr hoch aggregierte Daten abgebildet. Zur umfassenderen Darstellung der Geschäftstätigkeiten sollten diese gezielt ergänzt werden.

Die EFQM unterscheidet auch beim Kriterium 9 die Ausprägung der konkreten Ergebnisse und die herangezogenen Indikatoren.

9a Ergebnisse der Schlüsselleistungen
9b Schlüsselleistungsindikatoren

9a   Ergebnisse der Schlüsselleistungen

WORUM GEHT ES?

Für marktwirtschaftlich geführte Unternehmen ist die Erwirtschaftung eines Gewinns existenziell bedeutend. Finanziell am Unternehmen beteiligte juristische oder natürliche Personen (Investoren, Banken, Anteilseigner u. a.) definieren ihre Anforderungen an das Unternehmen z. B. in Form einer Rendite des eingesetzten Kapitals (ROI) oder einer kontinuierlichen Erhöhung des Shareholder Value. Die Erreichung der selbst gesetzten Geschäftsziele und damit die Erfüllung dieser Anforderungen muss ein Unternehmen an dieser Stelle darlegen. Auch nicht finanzielle Ergebnisse haben indirekt einen z. T. sehr großen Einfluss auf den Geschäftserfolg und müssen an dieser Stelle aufgeführt werden.

WAS BRINGT ES?

Nur durch langfristig positive Geschäftsergebnisse können der Erhalt und die Weiterentwicklung des Unternehmens am Markt gesichert werden. Der Nachweis einer stabilen Geschäftslage über einen längeren Zeitraum stärkt das Vertrauen in das Unternehmen und erweitert den finanziellen Spielraum z. B. durch günstige Konditionen für Fremdkapital.

WIE GEHE ICH VOR?

Alle Prozesse und ihre Nahtstellen müssen bezüglich ihrer Leistungsfähigkeit und Notwendigkeit kontinuierlich analysiert und beschrieben werden. Die Ergebnisse der unter Kriterium 9b definierten Performance-Indikatoren müssen unter 9a dargestellt werden. Wenn möglich sollten die gewonnenen Daten und Ergebnisse online grafisch aufbereitet werden.

Zur Erhöhung der Aussagekraft ist darauf zu achten, dass ein Trend der vergangenen Jahre dargestellt wird. Die Dokumentation sollte beispielsweise in Grafiken oder in tabellarischer Form erfolgen. Einen Überblick über die verschiedenen Ergebnisdarstellungen gibt der Pocket Power TQM-gerechtes Controlling.

Auch Vergleiche mit Wettbewerbern und Best-Practice-Beispiele stellen eine gute Möglichkeit zur aussagekräftigen Präsentation dar.

9b   Schlüsselleistungsindikatoren

WORUM GEHT ES?

Um die Ergebnisse messen zu können, müssen diverse finanzielle und nicht-finanzielle Messgrößen als Indikatoren für die Geschäftsergebnisse herangezogen werden. Sie beschreiben hauptsächlich die innerbetriebliche Wirtschaftlichkeit und Effektivität und stehen in enger Verbindung mit den im Kriterium 5 aufgeführten Hauptprozessen.

WAS BRINGT ES?

Der Gewinn ist zwar das übergeordnete Ziel der meisten Unternehmen, doch dies kann nur durch eine Erhöhung der

Absatzmenge, eine Erhöhung der Preise oder eine Senkung der Kosten erreicht werden.

Gewinn (G) = Umsatz (U) ./. Kosten (K)
Umsatz (U) = Preis (P) * Absatzmenge (M)

Mit dem Wandel von Verkäufer- und Käufermärkten wird der Preis weitestgehend vom Markt determiniert. Das Unternehmen hat lediglich die Möglichkeit, weiter gehende Anforderungen der Kunden zu erfassen und diese zu befriedigen. Dieser zusätzliche Kundennutzen wird vom Kunden dann in der Regel auch zusätzlich honoriert. Es bleiben also zwei Stellhebel übrig:

Kosten senken – Verschwendung vermeiden.
Absatz erhöhen – neue Märkte erschließen.

Hinter all diesen Hebeln stecken jedoch Geschäftsprozesse im Unternehmen. Um eine Veränderung in irgendeine dieser Richtungen zu bewirken, müssen diese betrachtet und verändert werden. Prozesse sollten möglichst anhand von mehrdimensionalen Kennzahlen betrachtet werden. Bei einer monetären Bewertung dieser Kennzahlen könnte es zu kompensierenden Effekten und Fehlentscheidungen kommen.

Nur eine durchgehende Transparenz über alle im Unternehmen ablaufenden Prozesse bzgl. ihres Mengenverzehrs und ihrer Kundenorientierung ermöglicht eine sowohl operative als auch strategische Führung. Gleichzeitig stärkt sie das Vertrauen der Kunden und Investoren in die Leistungsfähigkeit des Unternehmens.

WIE GEHE ICH VOR?

Wichtige Ergebnisse zur Bewertung des Unternehmens sollten z. B. folgende finanzielle Daten beinhalten:

▶ Daten der Gewinn- und Verlustrechnung (z. B. Umsatz, Brutto- und Nettogewinn)
▶ Daten aus der Bilanz (z. B. Bilanzsumme, Nettoumlaufvermögen, langfristiges Fremdkapital, Eigenkapital)
▶ Daten aus der Kapitalflussrechnung (z. B. Cashflow, Liquidität)
▶ Kreditwürdigkeit und Analysenreports
▶ Aktienkurse
▶ P/E-Ratios

Zusätzlich zu den finanziellen Indikatoren müssen noch weitere Größen aufgenommen werden, die eine detailliertere Beurteilung des Unternehmens ermöglichen. Dazu gehören z. B.:

▶ Flexibilität und Prozessfähigkeit
▶ Fehler pro Produktions- oder Tätigkeitseinheit
▶ Anteil Nutz-, Stütz-, Fehl-, Blindleistung (vgl. Kriterium 4)
▶ Indikatoren für die Dauer von Auftragsbearbeitung, Durchlauf eines Loses, Lagerumschlag, Time to Market, Time to Production, Reaktionszeiten bei Beschwerden u. a.
▶ Marktanteile
▶ Lieferantenbewertungen

Das Ergebnis einer Selbstbewertung gemäß EQA eignet sich an dieser Stelle als Kennzahl zur Einschätzung des Unternehmens insgesamt.

Selbstbewertung

WORUM GEHT ES?

Die Selbstbewertung (engl.: Self-Assessment) ist eine umfassende, regelmäßige und systematische Überprüfung der Leistungsfähigkeit von Prozessen und Strukturen im eigenen Unternehmen. Im Rahmen dieser Selbstbewertung werden vorhandene organisatorische Lösungen anhand der RADAR-Logik analysiert und bewertet.

Der Bewertungsansatz verfolgt kein starres, normatives Vorgehen. Hinterfragt werden die bereits beschriebenen neun Haupt- bzw. 32 Unterkriterien des EFQM-Modells. Hier geht es nicht darum, inhaltliche Lösungen für gut oder verbesserungsfähig zu befinden. Der Ansatz der Selbstbewertung lässt den Entscheidungsträgern im Unternehmen sehr bewusst einen großen, kreativen Freiraum, eigene Ansätze zur Erfüllung der Kriterien zu finden. Abgefragt und bewertet wird vielmehr der Nachweis für ein fundiertes Vorgehen entsprechend der RADAR-Logik.

WAS BRINGT ES?

Die Selbstbewertung bringt zwei Ergebnisse hervor. Zum einen erhält die Organisation einen Zählwert, welcher zwischen null und 1000 Punkten liegt. Dieser beschreibt das Niveau, auf dem sich die Organisation befindet. Darüber hinaus erhält das Unternehmen eine strukturierte Liste von Stärken und Verbesserungspotenzialen.

Die systematische Anwendung der Ergebnisse

▶ gibt Anstöße zu strukturierten und geplanten Verbesserungsaktivitäten im Unternehmen,

▶ führt zu einer systematischen, auf Fakten basierten Bewertung der Strukturen,

▶ führt zu reproduzierbaren Ergebnissen,

▶ kann auch auf einzelne Unternehmensbereiche angewendet werden.

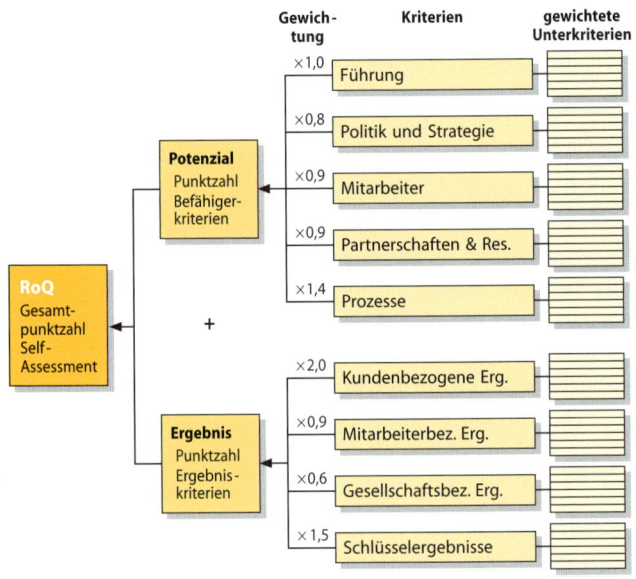

Bild 26: *Kennzahlen der Selbstbewertung*

Es kann aus verschiedenen Gründen für eine Organisation interessant sein, eine Selbstbewertung durchzuführen. Zunächst einmal steht die Ermittlung des IST-Zustands bei vielen Unternehmen im Vordergrund. Darüber hinaus ist die Selbstbewertung eine notwendige Voraussetzung für die Bewerbung um den EQA. Ziel einer Selbstbewertung sollte jedoch in beiden Fällen die gezielte und systematische Verbesserung der Strukturen und Prozesse sein. Durch die jährliche Wiederholung einer Selbstbewertung wird die Wirksamkeit der ergriffenen Maßnahmen überprüft.

Die mit der Selbstbewertung ermittelte Punktzahl ist mit der Punktzahl anderer Organisationen vergleichbar und stellt somit einen Benchmark dar. Der Vergleich mit anderen nationalen und internationalen Unternehmen ist inzwischen auf breiter Basis möglich, da das EFQM-Modell in Deutschland ebenso wie in Europa anerkannt ist.

Diese Punktzahl kann entsprechend der folgenden Abbildung bis auf einzelne Unterkriterien heruntergebrochen werden – das Unternehmen erhält somit ein detailliertes Kennzahlensystem.

WIE GEHE ICH VOR?

Voraussetzungen

Wichtigste Voraussetzung für eine erfolgreiche Selbstbewertung sind das Einverständnis und die aktive Einbindung der obersten Leitung. Die Unternehmensleitung muss die Selbstbewertung durch die Bereitstellung eigener Ressourcen unterstützen und dafür Sorge tragen, dass sich alle relevanten Unternehmensbereiche aktiv einbringen. Notwendig ist die aktive Beteiligung aller Kernbereiche des Unternehmens, um ein umfassendes Bild zu erhalten.

Weiterhin ist es wichtig, alle Mitarbeiter über die Zielsetzung, die Vorgehensweise und die Folgen der Selbstbewertung umfassend zu informieren – dem Gefühl der Kontrolle von oben muss von Anfang an begegnet werden.

Einzelne Schritte der Selbstbewertung

Die folgende Abbildung zeigt die einzelnen Schritte der Selbstbewertung.

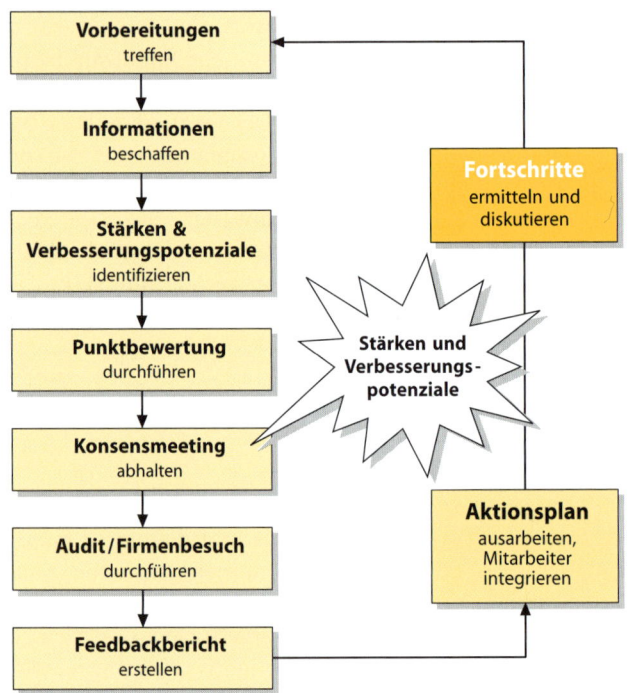

Bild 27: *Ablauf einer Selbstbewertung*

Informationsbeschaffung

Sind die Voraussetzungen soweit geschaffen, so gilt es zunächst, die erforderlichen Daten und Informationen über das eigene Unternehmen zusammenzutragen und aufzubereiten.

Diese und alle folgenden Aktivitäten sollten von einem geschulten Assessorenteam vorbereitet und koordiniert werden. Das Assessorenteam setzt sich in der Regel aus Mitarbeitern der unterschiedlichsten Bereiche des Unternehmens zusammen. Von diesem Team werden weitere Teams gebildet, die gezielt Informationen und vor allem Nachweise über einzelne Aktivitäten des Unternehmens zusammentragen. All diese Erkenntnisse werden entsprechend der einzelnen Unterkriterien des EFQM-Modells sortiert und aufbereitet. Es hat sich als sinnvoll erwiesen, für die neun Hauptkriterien jeweils ein Team zu bilden – die Kriterien 3 und 7 können ggf. zusammengelegt werden.

Bereits vorliegende Daten z. B. aus Kunden- oder Mitarbeiterbefragungen sowie Schulungspläne, Strategiepapiere oder Arbeitsanweisungen werden verdichtet und als Nachweis für spätere Nachfragen erfasst. Für Unterkriterien, für die derartige Zahlen, Daten und Fakten nicht vorliegen, werden diese erhoben:

… durch Fragebögen

Durch Standardformulare, Checklisten oder Fragebögen werden die einzelnen Unterkriterien systematisch hinterfragt. Diese Fragebögen werden entweder in vollem Umfang oder in Teilen an ausgewählte Mitarbeiter und Führungskräfte verteilt.

Zumeist wird der von der EFQM herausgegebene Fragebogen benutzt, der alle Kriterien des EFQM-Modells abdeckt. Diese Methode eignet sich als Einstieg, um ein erstes Bild von der Lage des Unternehmens zu erhalten. Häufig wird dieses Verfahren in Unternehmen angewendet, die noch keinerlei Daten vorliegen haben und mit der Einführung von TQM beginnen wollen.

Einige Unternehmen entwickeln eigene Fragebögen oder Checklisten, so dass sie auf die spezifischen Belange ihres Unternehmens intensiver eingehen können. Es besteht jedoch die Gefahr, dass wichtige Bereiche nicht umfassend genug, andere dagegen zu detailliert hinterfragt werden. Es sollte daher sichergestellt sein, dass ein weit gehend neutraler Mitarbeiter über die Ausgeglichenheit des Fragebogens wacht, um nicht betriebsblind an eine derartige Aufgabe heranzugehen.

Vorteile:

▶ ... liefert einen ersten Überblick über Stärken und Verbesserungsbereiche des Unternehmens.
▶ ... unkompliziert, da Unterlagen zur Verfügung stehen.
▶ ... für die Befragten eine systematische Hilfe bei der Beschaffung der Informationen.
▶ ... die einzelnen Mitarbeiter in den Strukturen werden zeitlich nur geringfügig belastet.

Nachteile:

▶ ... erfasst möglicherweise subjektive Positionen Einzelner und bietet kein umfassendes Bild.
▶ ... wirft z. T. nur Schlaglichter in einzelne Bereiche des Unternehmens.
▶ ... das Assessorenteam muss die Aussagen unterschiedlichster Mitarbeiter zunächst für sich deuten und zusammentragen, bevor eine Bewertung möglich ist.
▶ ... trägt in der Regel nicht dazu bei, dass sich die Befragten mit der Idee tiefer auseinander setzen und die Ergebnisse des Assessments entsprechend hoch bewerten.

... durch Simulation einer Bewerbung

Eine weitaus aufwendigere, aber auch bessere Methode der Informationsbeschaffung ist die Simulation einer Bewerbung um den EQA. Hier geht es darum, eine Bewerbungsbroschüre zu erstellen.

Für diese Aufgabe werden zunächst die bereits angesprochenen Teams für die einzelnen Kriterien zusammengestellt. Diese tragen dann die notwendigen Informationen zusammen und bereiten diese im Sinne der einzelnen Kriterien des EFQM-Modells auf. Ein geschultes Assessorenteam fasst dann all diese Informationen zu einer aussagefähigen Unterlage zusammen, die einen Umfang von 80 Seiten nicht überschreiten sollte. All die zusammengetragenen Informationen und Nachweise werden mit dieser Unterlage verknüpft und entsprechend hinterlegt.

Das Top-Management erhält eine sehr kompakte und aussagefähige Darstellung des eigenen Unternehmens und das Assessorenteam eine tragfähige Basis für das angestrebte Assessment. Auf diesem Weg erhält das Top-Management dann auch eine detaillierte Liste bzgl. der Stärken und Verbesserungspotenziale. Diese kann dann gezielt in einen strukturierten Katalog von Verbesserungsmaßnahmen überführt werden.

Vorteile:

▶ ... fördert die intensive Auseinandersetzung mit den Kriterien des EFQM-Modells.
▶ ... fördert die Kommunikation im Unternehmen.
▶ ... die Informationen müssen sehr viel detaillierter an den verschiedensten Stellen direkt vor Ort ermittelt werden.

▶ ... bietet die Möglichkeit, für eine spätere EQA-Bewer-bung zu trainieren.
▶ ... auf dieser Basis kann sich das Unternehmen mit ande-ren Unternehmen vergleichen oder können Geschäfts-bereiche untereinander verglichen werden.

Nachteile:

▶ ... sehr zeitaufwendig.
▶ ... für Unternehmen, die am Anfang der Selbstbewertung stehen, eine zu ehrgeizige Methode.

... durch Workshops

Eine Alternative zu der oben beschriebenen Arbeit mit Fragebögen ist die gemeinsame Informationsbeschaffung in Workshops.

Sämtliche Unterkriterien des EFQM-Modells werden in der Gruppe diskutiert und ggf. abschließend bewertet. Das Management und ausgewählte Mitarbeiter diskutieren unter Anleitung erfahrener Assessoren und geschulter Moderato-ren intensiv über die Kriterien des Modells, die Inhalte des Total Quality Management und den Stand der Organisations-entwicklung im eigenen Unternehmen. In diesen Diskussio-nen setzen sich die einzelnen Teilnehmer dann auch sehr in-tensiv mit den Problemen der Kollegen auseinander.

Vorteile:

▶ ... das Top-Management ist direkt einbezogen und zeigt auf diesem Wege Engagement.
▶ ... Stärkung des Teamgedankens durch die Integration der Mitarbeiter.

▶ ... Stärken und Schwächen werden auf breiter Basis als solche erkannt und diskutiert.

▶ ... durch die Diskussionen entwickelt sich ein gemeinsames Verständnis von einem exzellenten Unternehmen.

Nachteile:

▶ ... wenn sich die Teilnehmer nicht im Vorfeld dieser Workshops gezielt mit Informationen zu den einzelnen Kriterien versorgen (lassen), dann ist diese Form der Selbstbewertung weniger fundiert als die Simulation einer Bewerbung.

▶ ... erfordert umfangreiche Vorbereitung bzgl. der Anforderungen des Modells, damit Management und Mitarbeiter auf den Prozess der Selbstbewertung vorbereitet sind.

... durch Interviews

Die notwendigen Informationen können auch über Interviews mit ausgewählten Mitarbeitern zusammengetragen werden. Dabei werden die Inhalte der Fragebögen in Gesprächsleitfäden umgearbeitet und in kleinen Gruppen oder Einzelgesprächen interaktiv diskutiert.

Große Aufmerksamkeit muss der Auswahl der Gesprächsteilnehmer gewidmet werden, damit eine repräsentative Gruppe befragt wird. Werden die Gesprächspartner nicht über alle Funktionsbereiche und Hierarchieebenen hinweg ausgewählt, sondern subjektiv durch das Management bestimmt, so kommt es schnell zu einer Verfälschung der Ergebnisse.

Vorteile:

▶ ... gibt die Möglichkeit, mit einigen Mitarbeitern tiefer in die Thematik einzusteigen.

▶ ... in den Gesprächen können die Verbesserungsbereiche sofort vertieft werden.

▶ ... bringt Mitarbeitern die Gedanken des TQM nahe.

Nachteile:

▶ ... die Auswahl der Mitarbeiter muss repräsentativ erfolgen, da sonst die Ergebnisse verfälscht werden.

▶ ... sehr zeitaufwendig.

Stärken und Verbesserungspotenziale identifizieren

Liegen die Informationen strukturiert und aufbereitet vor, so können die Assessoren in die Phase der Bewertung übergehen. Im Vordergrund steht hier die Identifikation von Stärken und Verbesserungspotenzialen.

Jeder Assessor sichtet zunächst die vorliegenden Informationen in den 32 Unterkriterien und ordnet sie den Stärken oder den Verbesserungspotenzialen zu. In dieser Phase arbeitet jeder Assessor für sich allein und bildet sich seine persönliche Meinung von den Strukturen. Sollte es Informationen geben, die Zweifel an der Wirksamkeit bestimmter Lösungen aufkommen lassen, so können diese Aspekte für einen möglicherweise noch durchzuführenden Firmenbesuch notiert werden. Gleiches gilt bei Informationen, deren Umfang oder Wirksamkeit ein Assessor sich gerne einmal vor Ort ansehen möchte.

Das Bewertungsbuch der EFQM ist an dieser Stelle ein geeignetes Hilfsmittel, um die Ergebnisse dieses Schrittes strukturiert festzuhalten.

Punktbewertung durchführen

Nun werden die Stärken und Verbesserungspotenziale der einzelnen Unterkriterien im Gesamtbild für dieses Unterkriterium beurteilt. Dies geschieht anhand des bereits erläuterten RADAR-Konzeptes. Die EFQM leitet aus dieser Logik zwei Bewertungsmatrizen ab – eine für die Befähiger- und eine für die Ergebniskriterien. Konzentrieren wir uns zunächst auf die Seite der Befähiger. Die Aktivitäten, die diesen Kriterien zugeordnet werden konnten, werden nach den RADAR-Anforderungen bzgl. Approach, Deployment sowie Assessment und Review beurteilt.

Jeder Assessor entscheidet zunächst allein auf der Basis der von ihm selbst identifizierten Stärken und Verbesserungspotenziale, ob die in der nachfolgenden Tabelle detaillierten Anforderungen zu 0 %, zu 100 % oder zu einem dazwischen liegenden Prozentsatz erfüllt werden. Jede Anforderung wird einzeln betrachtet und bewertet. Dies bedeutet, dass für jedes Unterkriterium sieben Bewertungsergebnisse vorliegen müssen.

Elemente	Attribute
Vorgehen	**Fundiert:** • Das Vorgehen ist klar begründet • Es liegen definierte und ausgestaltete Prozesse vor • Das Vorgehen ist auf die Interessengruppen ausgerichtet **Integriert:** • Das Vorgehen unterstützt Politik und Strategie • Das Vorgehen ist mit anderen Vorgehensweisen verknüpft, wo zweckmäßig

Elemente	Attribute
Umsetzung	**Eingeführt:** • Das Vorgehen ist eingeführt **Systematisch:** • Das Vorgehen ist auf strukturierte Art und Weise umgesetzt
Bewertung und Umsetzung	**Messung:** • Regelmäßige Messung der Effektivität des Vorgehens und der Umsetzung finden statt **Lernen:** • Lernorientierte Aktivitäten werden verwendet, um beste Praktiken und Verbesserungsmöglichkeiten zu identifizieren **Verbesserung:** • Der Output von Messungen und lernorientierten Aktivitäten wird analysiert und verwendet, um Verbesserungen zu identifizieren, zu gewichten, zu planen und einzuführen

Tab. 1: *Bewertungsmaßstab auf der Seite der Befähiger*

Quelle: EFQM (Hrsg.): EFQM-Modell für Excellence, Brüssel 2001.

Für die grobe Einstufung der zu bewertenden Ansätze gibt das Modell folgende Anhaltspunkte vor:

0 % Es liegen **keine** Nachweise vor und die Informationen sind anekdotisch.

25 % Es liegen **einige** Nachweise für die zusammengetragenen Informationen vor, die auf eine Erfüllung der zu bewertenden Anforderung hinweisen.

50 % Es liegen Nachweise für die zusammengetragenen Informationen vor, die auf eine Erfüllung der zu bewertenden Anforderung hinweisen.

75 % Es liegen **klare** Nachweise für die zusammengetragenen Informationen vor, die auf eine Erfüllung der zu bewertenden Anforderung hinweisen.

100 % Es liegen **umfassende** Nachweise für die zusammengetragenen Informationen vor, die auf eine Erfüllung der zu bewertenden Anforderung hinweisen.

Von diesem Maßstab wird nur für den Aspekt der Einführung abgewichen. Hier verteilen sich die Prozente entsprechend dem Grad der Umsetzung. Ist der entsprechende Ansatz in etwa einem Viertel aller relevanten Bereiche eingeführt, so wird dieser Aspekt z. B. mit 25 % bewertet.

Die einzelnen Prozentzahlen werden dann zunächst pro Unterkriterium zu je einer Gesamtbewertung für das Vorgehen, für die Umsetzung und für die Bewertung und Überprüfung zusammengezogen. Aus diesen drei Zahlen wird eine Bewertung für das entsprechende Unterkriterium abgeleitet. Bei der Zusammenfassung von zwei oder mehreren

Kriterium	1	2	3	4	5
Unterkriterium a	%	%	%	%	%
Unterkriterium b	%	%	%	%	%
Unterkriterium c	%	%	%	%	%
Unterkriterium d	%	%	%	%	%
Unterkriterium e		%	%	%	%
Summe über alle Unterkriterien					
Anzahl Unterkriterien	÷ 4	÷ 5	÷ 5	÷ 5	÷ 5
Bewertung					

Tab. 2: *Ergebniszusammenfassung für die Befähiger*
Quelle: EFQM (Hrsg.): EFQM-Modell für Excellence, Brüssel 2001.

Prozentzahlen sollten sich die Assessoren am arithmetischen Mittelwert orientieren. Dies ist jedoch nur ein Anhaltspunkt und keine Vorschrift. Die Gesamtbewertungen für die einzelnen Unterkriterien werden in der nachfolgend dargestellten Tabelle zusammengetragen.

In dieser Tabelle werden alle Einzelbewertungen für die Unterkriterien erfasst, entsprechend der vorgegebenen Struktur pro Kriterium addiert und durch die Anzahl der Unterkriterien geteilt. Nachdem alle Unterkriterien auf der Seite der Befähiger bewertet wurden, werden die Zahlen, Daten und Fakten auf der Seite der Ergebnisse entsprechend am RADAR-Maßstab der Resultate gespiegelt. Eine Detaillierung dieses Maßstabs finden Sie in der nachfolgenden Tabelle.

Elemente	Attribute
Ergebnisse	**Trends:** • Die Trends sind positiv und/oder es liegt eine gute Leistung über einen längeren Zeitraum vor **Ziele:** • Die gesteckten Ziele werden erreicht • Die gesteckten Ziele sind angemessen **Vergleiche:** • Vergleiche mit externen Organisationen finden statt und die Ergebnisse fallen im Vergleich mit dem Industriedurchschnitt oder anerkannten Klassenbesten günstig aus **Ursachen:** • Die Ergebnisse sind auf das Vorgehen zurückzuführen

Tab. 3: *Bewertungsmaßstab auf der Seite der Ergebnisse*

Quelle: EFQM (Hrsg.): EFQM-Modell für Excellence, Brüssel 2001.

Die Anhaltspunkte für die prozentuale Bewertung der Ergebniskriterien stellt sich ein wenig differenzierter dar. Die nachfolgenden Ausführungen geben einen groben Überblick.

0 % Es liegen **keine** Ergebnisse und/oder lediglich anekdotische Angaben vor.

25 % Es liegen Ergebnisse vor,
- von denen **einige** einen positiven Trend aufweisen,
- die zeigen, dass **einige** der herausfordernden angemessenen Ziele erreicht werden,
- von denen **einige** im Vergleich mit anderen Organisationen positiv abschneiden,
- von denen **einige** auf das Vorgehen im Sinne der Befähiger zurückzuführen sind,
- die vom Umfang her **einige** der zu betrachtenden Bereiche abdecken.

50 % Es liegen Ergebnisse vor,
- von denen **viele** einen positiven Trend über **mind. 3 Jahre** aufweisen,
- die zeigen, das viele der herausfordernden und angemessenen Ziele erreicht werden,
- von denen **viele** im Vergleich mit anderen Organisationen positiv abschneiden,
- von denen **viele** auf das Vorgehen im Sinne der Befähiger zurückzuführen sind,
- die vom Umfang her **viele** der zu betrachtenden Bereiche abdecken.

75 % Es liegen Ergebnisse vor,
- von denen **die meisten** einen **deutlich** positiven Trend über mind. 3 Jahre aufweisen,
- die zeigen, dass **die meisten** der herausfordernden und angemessenen Ziele erreicht werden,

- von denen **die meisten** im Vergleich mit anderen Organisationen positiv abschneiden,
- von denen **die meisten** auf das Vorgehen im Sinne der Befähiger zurückzuführen sind,
- die vom Umfang her **die meisten** der zu betrachtenden Bereiche abdecken.

100 %   Es liegen Ergebnisse vor,

- von denen **alle** einen **deutlich** positiven Trend über mind. 5 Jahre aufweisen,
- die zeigen, dass **alle** der **exzellenten** und angemessenen Ziele erreicht werden,
- von denen **alle** im Vergleich mit anderen Organisationen **exzellent** abschneiden und zeigen, dass es sich hier um den **Klassenbesten** handelt,
- von denen **alle** auf das Vorgehen im Sinne der Befähiger zurückzuführen sind,
- die vom Umfang her **alle** zu betrachtenden Bereiche abdecken.

Die einzelnen Ergebnisse für die zu bewertenden acht Unterkriterien werden wiederum in der nachfolgend abgebildeten Tabelle zusammengefasst und zu einer Gesamtbewertung pro Ergebniskriterium verdichtet. An dieser Stelle gibt es eine weitere Besonderheit auf der Seite der Ergebnisse. Die Einzelbewertungen pro Unterkriterium werden zunächst mit den in der Tabelle hinterlegten Gewichtungsfaktoren multipliziert, bevor die entsprechenden Ergebnisse addiert und durch zwei dividiert werden.

Die Gesamtpunktzahl für das zu bewertende Unternehmen wird ermittelt, indem die Punktzahlen der einzelnen Kriterien in die abschließende Tabelle übertragen, mit den Gewichten der einzelnen Kriterien multipliziert und addiert werden.

Kriterium	6	7	8	9
Unterkriterium a	% x 0,75 =	% x 0,75 =	% x 0,25 =	% x 0,50 =
Unterkriterium b	% x 0,25 =	% x 0,25 =	% x 0,75 =	% x 0,50 =
Bewertung Ergebnis				

Tab. 4: *Ergebniszusammenfassung für die Befähiger*

Quelle: EFQM (Hrsg.): EFQM-Modell für Excellence, Brüssel 2001.

Kriterium	Ergebnis	Faktor	Punkte
1. Führung		1,0	
2. Politik & Strategie		0,8	
3. Mitarbeiter		0,9	
4. Partnerschaften & Ressourcen		0,9	
5. Prozesse		1,4	
6. Kundenbezogene Ergebnisse		2,0	
7. Mitarbeiterbezogene Ergebnisse		0,9	
8. Gesellschaftsbezogene Ergebnisse		0,6	
9. Wichtige Ergebnisse der Organisation		1,5	
Gesamtpunktzahl			

Tab. 5: *Berechnung der Gesamtpunktzahl*

Quelle: EFQM (Hrsg.): EFQM-Modell für Excellence, Brüssel 2001.

Jeder Assessor ermittelt auf diese Art und Weise eine Punktzahl zwischen null und maximal 1000 Punkten als Gesamtergebnis.

Konsensmeeting abhalten

Zu diesem Zeitpunkt hat jeder Assessor die Leistungen des Unternehmens für sich bewertet, ohne sich mit seinen Teammitgliedern abzustimmen.

Die oben abgebildeten Bewertungstabellen werden nun von jedem Assessor an den leitenden Assessor weitergeleitet. Dieser führt die einzelnen Ergebnisse zusammen, bildet Mittelwerte und betrachtet die Übereinstimmungen sowie die Abweichungen. Darüber hinaus erstellt er eine Liste aller Stärken und Verbesserungspotenziale – sortiert nach den Unterkriterien des Modells.

Sollten einzelne Bewertungen mehr als 25 % voneinander abweichen, so lädt der leitende Assessor zu einem Konsensmeeting ein und stellt den einzelnen Assessoren die oben genannte Liste zur Verfügung. Ziel des Konsensmeetings ist es, die einzelnen Stärken und Verbesserungspotenziale derjenigen Unterkriterien zu diskutieren, deren Bewertung strittig erscheint. Die Basis für die notwendige, moderierte Diskussion bilden die in der Liste aufgeführten Anmerkungen der einzelnen Assessoren. Diese werden systematisch abgeglichen und hinterfragt. Haben die Assessoren all ihre Argumente ausgetauscht, so bewertet jeder einzelne Assessor das betreffende Unterkriterium erneut. Auch diese Ergebnisse werden wieder vom leitenden Assessor zusammengetragen.

In der Regel können nicht alle auftretenden Meinungsverschiedenheiten und differierenden Ansichten in diesem Konsensmeeting ausgeräumt werden. Liegen die Ergebnisse der erneuten Bewertung weiterhin mehr als 25 % auseinander, so trifft der leitende Assessor eine abschließende Entscheidung über das Ergebnis der Gruppe.

Audit/Firmenbesuch durchführen

Nach erfolgreich abgeschlossenem Konsensmeeting kann sich das Team der Assessoren gezielt vom Nachweis oder der Wirksamkeit des Ansatzes vor Ort im Unternehmen überzeugen. Mit diesem Firmenbesuch erhält das Team die Gelegenheit, noch vorhandene Unstimmigkeiten auszuräumen und Zweifel zu beseitigen. In diesem Rahmen steht es dem Team frei, welche Mitarbeiter angesprochen, welche Bereiche hinterfragt oder welche Dokumente analysiert werden sollen.

Der Firmenbesuch muss mit der Geschäftsführung abgestimmt und in groben Zügen vorstrukturiert sein. Zu genaue Informationen über die Inhalte und Themen des Besuches sollten nicht im Vorfeld abgestimmt werden, um zu vermeiden, dass an den entsprechenden Stellen Vorbereitungen auf diesen Besuch ergriffen werden. Es steht den Assessoren auch frei, sich mit Externen, z. B. Partnern oder Kunden der Organisation über ausgewählte Themen zu unterhalten. Dies sollte jedoch in enger Abstimmung mit der Geschäftsleitung erfolgen.

Dieser Firmenbesuch sollte genutzt werden, um den Gesamteindruck, der sich aus der Gesamtpunktzahl ergibt, zu bestätigen. Sollte sich der Eindruck vor Ort nicht mit dem Ergebnis der Bewertung decken, so ist die Bewertung an den entsprechenden Stellen anzupassen.

Feedbackbericht erstellen

Hat sich das Team dann auf eine abschließende Bewertung geeinigt, so wird die im Konsensmeeting bereits überarbeitete Liste der Stärken und Verbesserungspotenziale erneut überarbeitet, wobei nun auf eine exakte und präzise Formulierung der einzelnen Anmerkungen geachtet werden sollte. In diesem Bericht sollten lediglich Feststellungen zusammengetragen werden – keine wertenden oder beratenden Formulierungen.

Sollten in der Liste noch Doppelungen enthalten sein, so werden diese zusammengefasst. Innerhalb der Unterkriterien sollten die Anmerkungen zu den Stärken bzw. Verbesserungspotenzialen entsprechend ihrer Gewichtung absteigend geordnet werden.

Dieser Bericht wird der Geschäftsleitung abschließend mit dem Angebot übergeben, einzelne Passagen oder Anmerkungen zu erläutern oder zu diskutieren. Dieser Bericht ist die Basis für die Ableitung entsprechender Verbesserungsmaßnahmen, die dann bis zur nächsten Selbstbewertung abgearbeitet werden.

Literatur

Alle Pocket-Power-Bände, siehe hintere innere Umschlagseite.

Al-Radhi, M.; Heuer, J.: Total Productive Maintenance, München 1995.

Becker, J. et al.: Prozessmanagement – ein Leitfaden zur prozessorientierten Organisationsgestaltung, Berlin 1999.

Bergbauer, A. K.: Die Unternehmensqualität messen, den Europäischen Qualitätspreis gewinnen, Renningen 1999.

Bühner, R.: Mitarbeiterführung als Qualitätsfaktor, München 1997.

Buggert, W.; Wielpütz, A.: Target Costing, München 1995.

Bullinger, H. J.: Erfolgsfaktor Mitarbeiter, Stuttgart 1996.

Camp, R. C.: Benchmarking, München 1994.

Collins, J. C.; Porras, J. I.: Visionary Companies – Visionen im Management, München 1995.

Deming, W. E.: Out of the Crisis, Cambridge (Mass.) 1986.

Domsch, M. (Hrsg.); Schneble, A.: Mitarbeiterbefragung, Heidelberg 1991.

European Foundation for Quality Management (Hrsg.): Das EFQM-Modell für Excellence, Brüssel 2001.

Gaitanides, M.; Scholz, R.; Vrohlings, A.; Raster, M.: Prozessmanagement, München 1994.

Hammer, M.: Die Arbeitswelt nach dem Reengineering, Frankfurt/Main 1997.

Hammer, M.; Champy, J.: Business Reengineering. Die Radikalkur für das Unternehmen, München 1998.

Horváth, P.: Controlling, München 1996.

Horváth, P.: Qualitätscontrolling erfolgreich umsetzen – Ein Leitfaden für die Praxis, Stuttgart 1997.

Imai, M.: Kaizen – Der Schlüssel zum Erfolg der Japaner im Wettbewerb, Berlin 1993.

Joiner, B. L.: Management der 4. Generation, München 1995.

Kamiske, G. F. (Hrsg.): Der Weg zur Spitze, München 2000.

Kamiske, G. F.; Butterbrodt, D.; Dannich-Kappelmann, M.; Tammler, U.: Umweltmanagement, München 1995.

Kamiske, G. F. (Hrsg.): Rentabel durch TQM – Return on Quality – ROQ, Berlin 1996.

Kramer, F.; Kramer, M.: Bausteine der Unternehmensführung. Kundenzufriedenheit und Unternehmenserfolg, Berlin 1997.

Malorny, C.: TQM umsetzen – der Weg zur Business Excellence, Stuttgart 1999.

Masing, W.: Handbuch Qualitätsmanagement, München 1999.

Mintzberg, H.: Die Strategische Planung, München 1995.

Reichmann, T.: Controlling mit Kennzahlen und Managementberichten, München 1995.

Richter, M.: Personalführung im Qualitätsmanagement, München 1999.

Stauss, B.; Weidel, W.: Beschwerdemanagement, München 1995.

Töpfer, A.: Benchmarking – der Weg zu Best Practice, Berlin 1997.

Tominaga, M.: Erfolgsstrategien für deutsche Unternehmer, Düsseldorf 1995.

Wildemann, H. (Hrsg.): Controlling im TQM, Berlin 1996.

Wilmes, D.: TQM-gerechtes Controlling – Koordination der Geschäftsprozesse auf der Basis des EFQM-Modells, in: Kamiske (Hrsg.), Der Weg zur Spitze, München 2000.

Winter, G. (Hrsg.): Das umweltbewusste Unternehmen, München 1998.

Zink, K. J.: TQM als integratives Managementkonzept, München 1995.

UNSERE KERNKOMPETENZ

PROZESSMANAGEMENT

mit unserem Softwaretool zur Modellierung und
Dokumentation

⊞ SYCAT® - Prozess Designer

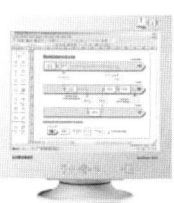

- SYCAT® - Audit
- SYCAT® - DokWeb
- SYCAT® - FMEA
- SYCAT® - Potenzialanalysen

BERATUNG

für integriertes Organisations-, Prozess-
und Qualitätsmanagement

⊞ Standardisierte Vorgehensmodelle z.B.

- Systematische Qualitätsmanagementeinführung
- Systematische Prozessanalyse und -gestaltung
- Systematische Prozessmodellentwicklung
- Systematische Audit/FMEA Durchführung
- Systematische KVP-Durchführung
- Systematische Potenzialanalysen u.v.a.m.